SOCIOEDUCAÇÃO E FILOSOFIA
O ANTIRRACISMO EM SALA DE AULA

Editora Appris Ltda.
1.ª Edição - Copyright© 2023 do autor
Direitos de Edição Reservados à Editora Appris Ltda.

Nenhuma parte desta obra poderá ser utilizada indevidamente, sem estar de acordo com a Lei nº 9.610/98. Se incorreções forem encontradas, serão de exclusiva responsabilidade de seus organizadores. Foi realizado o Depósito Legal na Fundação Biblioteca Nacional, de acordo com as Leis nos 10.994, de 14/12/2004, e 12.192, de 14/01/2010.

Catalogação na Fonte
Elaborado por: Josefina A. S. Guedes
Bibliotecária CRB 9/870

S586s
2023

Silva, Paulo Renato Oliveira
   Socioeducação e filosofia: o antirracismo em sala de aula / Paulo Renato Oliveira Silva. – 1 ed. – Curitiba: Appris, 2023.
   106 p. ; 21 cm. – (Ciências sociais).

   Inclui referências.
   ISBN 978-65-250-5175-8

   1. Sociologia educacional. Ubuntu (Filosofia). 2. Filosofia – Estudo e ensino. I. Título. II. Série.

CDD – 306.43

Livro de acordo com a normalização técnica da ABNT

Editora e Livraria Appris Ltda.
Av. Manoel Ribas, 2265 – Mercês
Curitiba/PR – CEP: 80810-002
Tel. (41) 3156 - 4731
www.editoraappris.com.br

Printed in Brazil
Impresso no Brasil

Paulo Renato Oliveira Silva

SOCIOEDUCAÇÃO E FILOSOFIA
O ANTIRRACISMO EM SALA DE AULA

FICHA TÉCNICA

EDITORIAL	Augusto Coelho
	Sara C. de Andrade Coelho
COMITÊ EDITORIAL	Marli Caetano
	Andréa Barbosa Gouveia - UFPR
	Edmeire C. Pereira - UFPR
	Iraneide da Silva - UFC
	Jacques de Lima Ferreira - UP
SUPERVISOR DA PRODUÇÃO	Renata Cristina Lopes Miccelli
PRODUÇÃO EDITORIAL	William Rodrigues
REVISÃO	Monalisa Morais Gobetti
DIAGRAMAÇÃO	Renata Cristina Lopes Miccelli
CAPA	Sheila Alves
REVISÃO DE PROVA	William Rodrigues

COMITÊ CIENTÍFICO DA COLEÇÃO CIÊNCIAS SOCIAIS

DIREÇÃO CIENTÍFICA Fabiano Santos (UERJ-IESP)

CONSULTORES
- Alícia Ferreira Gonçalves (UFPB)
- Artur Perrusi (UFPB)
- Carlos Xavier de Azevedo Netto (UFPB)
- Charles Pessanha (UFRJ)
- Flávio Munhoz Sofiati (UFG)
- Elisandro Pires Frigo (UFPR-Palotina)
- Gabriel Augusto Miranda Setti (UnB)
- Helcimara de Souza Telles (UFMG)
- Iraneide Soares da Silva (UFC-UFPI)
- João Feres Junior (Uerj)
- Jordão Horta Nunes (UFG)
- José Henrique Artigas de Godoy (UFPB)
- Josilene Pinheiro Mariz (UFCG)
- Leticia Andrade (UEMS)
- Luiz Gonzaga Teixeira (USP)
- Marcelo Almeida Peloggio (UFC)
- Maurício Novaes Souza (IF Sudeste-MG)
- Michelle Sato Frigo (UFPR-Palotina)
- Revalino Freitas (UFG)
- Simone Wolff (UEL)

Dedicado aos meus alunos dos centros socioeducativos, que por conta de nossa incapacidade como cidadãos em reverter a lógica assassina de nossa sociedade, já não se encontram entre nós. As histórias de vida de cada um de vocês estão, e sempre estarão, presentes nas letras escritas em minha caminhada como professor. A conclusão deste trabalho é totalmente voltada à memória dos jovens que nos deixam por conta de nossa violência contra suas vidas. Que seus espíritos estejam em paz em um local cheio de amor. Àṣẹ!!!

AGRADECIMENTOS

Agradeço sempre às pessoas que amo e que me retribuem esse amor de forma sincera e incondicional. Todos vocês são, foram e serão sempre fundamentais em minha caminhada existencial.

Segue uma pequena lista dessas pessoas que tanto estimo e que me apoiaram durante este trabalho: minha amada companheira, Danielle Werneck Nunes, por toda paciência e amor durante todo o processo desta obra; meus pais, Renato Santos Silva e Zailde Cruz Oliveira Silva, pelo apoio incondicional dedicado a mim e a este projeto; meu irmão, Robério Oliveira Silva, por ser um exemplo a ser trilhado no mundo acadêmico, primeiro e único doutor (por enquanto!!!) na família; meus grandes amigos e professores, Wedieverson Correa e Diogo Moreira; meus irmãos filosóficos, Lucas Lessa, José Sales e Hênio Almeida; meu orientador Antônio Vidal Nunes, por todo o saber partilhado; aos meus eternos amigos: Júnior Athayde, Sandro Gomes, Michael Stem, Márcio Dalvi, Rodrigo Lamas, Bruno Caliman, Andrigo Guimarães, Osvaldo Oliveira, Viviane Miller e Jobel Rangel. Sou extremamente grato a todos os alunos, professores das escolas em que eu já tenha deixado meu humilde legado como docente.

Meu agradecimento mais que especial aos socioeducandos que conheci nesta pesquisa, devo cada sílaba deste texto a vocês.

APRESENTAÇÃO

Caro leitor,

Este livro representa o que acredito que seja o motor que me move socialmente e a indignação perante as questões educacionais de nossa sociedade. Ao prestar vestibular para Filosofia, nunca tive como interesse primordial me ater sobre as questões metafísicas de toda tradição filosófica ocidental, mas reconheço a importância para a Filosofia. Sempre me filiei aos filósofos que de alguma forma foram críticos de fato sobre a própria tradição filosófica. Jamais encontrei sentido na pesquisa de aprofundamento dos dogmas filosóficos helenos ou latinos, há séculos temos exegetas que se dedicaram nisso. Confesso que é frustrante, enquanto graduando, em muitos momentos ter de lidar com esse panorama, mesmo reconhecendo ser fundamental para minha formação.

Foi pensando nisso que em minha licenciatura realizei uma pesquisa sobre a obra do filósofo sergipano Tobias Barreto, que acabou se transformando em meu trabalho de conclusão de curso. Nesse caso, minha monografia teve como temática o debate sobre a capacidade feminina para os estudos acadêmicos. Uma querela realizada em Pernambuco no século 19, quando nosso filósofo exercia o cargo de deputado da província. Tobias Barreto, sempre na vanguarda filosófica de sua época, defendeu a subvenção de bolsas de estudos para mulheres brasileiras se graduarem em medicina. Com esse panorama filosófico em meu horizonte, somente ao final da graduação encontrei-me com as filosofias africanas. E esse encontro foi o despertar de meu "sono dogmático".

A partir daí, um novo horizonte se abriu diante de minha caminhada acadêmica e filosófica. Encontrei a motivação necessária para dar passos mais largos no mundo do conhecimento.

As filosofias africanas são para mim a possibilidade de filosofar fora dos arcabouços ocidentalizados que são as raízes epistêmicas dos cursos de filosofia nas faculdades e universidades brasileiras. Agora poderia realmente pensar sobre a minha realidade, tanto eticamente quanto ontologicamente. Mas o que parecia um lindo passeio no mundo das filosofias se transformou em uma luta. A luta contra todas as manifestações do racismo em nossa sociedade, principalmente dentro das escolas.

Posso afirmar que tanto a origem quanto a manutenção do racismo são as questões filosóficas para a educação e escolarização de nossa época em terras pindorâmicas. A cada dia que passamos neste século, mais se mostra necessária a atitude antirracista em sala de aula, mas não que o racismo seja obra deste tempo, mas é porque somente em nossa atualidade os negros brasileiros realmente começaram a deixar de ser exceções nos centros universitários de pesquisa, para protagonizarem uma, ainda crescente, revolução nos debates acadêmicos. Com o gradativo aumento das pessoas negras em posições de pesquisadores, mais o tema do racismo se torna relevante, e por consequência, tratado com toda o rigor e pesquisa que se deve. Finalmente, o racismo deixa de ser uma questão opinativa, de senso comum, para se tornar um problema filosófico.

Com esta simples pesquisa o leitor encontrará a minha tentativa de desenvolver um trabalho diante de um dos extratos sociais mais marginalizados de nossa população: jovens negros periféricos internos dos centros socioeducativos. Sim, este é o público pesquisado e deste trabalho. Todas as questões sócio-históricas pertinentes sobre a escolarização desses sujeitos dotados de razão, inclusive as questões que levam ao fenômeno do genocídio do jovem negro possuem caráter fundamental aqui.

Espero que a leitura desta pesquisa seja de grande valia para aqueles, que assim como eu, consideram a escolarização da população brasileira uma ferramenta revolucionária para a transformação de uma sociedade menos desigual e menos violenta.

Leia, reflita, discuta, aponte falhas! Meu desejo é incitar a reflexão aprofundada sobre o tema e compartilhar minha visão deste fenômeno em nossa época: a luta por uma educação antirracista e pluriversalista.

O autor

O que nós queremos é ajudar o negro a se libertar do arsenal de complexos germinados no seio da situação colonial.

(Frantz Fanon)

SUMÁRIO

INTRODUÇÃO 17

1
ENSINO DE FILOSOFIA, RACISMO E SOCIOEDUCAÇÃO 27
    1.1 O ENSINO DE FILOSOFIAS PARA A SOCIOEDUCAÇÃO 34
    1.2 O SOCIOEDUCANDO E O ENSINO DE FILOSOFIAS 40
    1.3 A SOCIOEDUCAÇÃO E A LEI 10.639 DE 2003 46
    1.4 O RACISMO EPISTÊMICO CONTRA
    A CULTURA BRASILEIRA 50
    1.5 O RACISMO ESPITÊMICO:
    QUESTÕES LÓGICAS E HISTÓRICAS 54

2
A FILOSOFIA *UBUNTU* E SUAS POSSÍVEIS APROXIMAÇÕES COMO UMA PRÁTICA SOCIOEDUCATIVA 59
    2.1. SOCIOEDUCAÇÃO E A ÉTICA *UBUNTU* *63*
    2.2 POR UMA SOCIOEDUCAÇÃO ANTIRRACISTA 66
        2.2.1 Os centros socioeducativos do estado do Espírito Santo 67
        2.2.2 Os desafios metodológicos na socioeducação 75
    2.3 A ORALITURA FILÓSOFICA
    COMO FERRAMENTA PEDAGÓGICA 77

3
A PRÁTICA DE UM ENSINO DE FILOSOFIA ANTIRRACISTA: ALGUNS RESULTADOS 81
    3.1 *UBUNTU* DENTRO DAS SALAS DE AULA 83
    3.2 AS RODAS DE FILOSOFIA 87

CONCLUSÕES E CONSIDERAÇÕES FINAIS 93

REFERÊNCIAS 99

INTRODUÇÃO

> *O passado pode servir como motivo de inspiração. Pode-se aprender com o passado, mas os conceitos morais de dever, de responsabilidade e de obrigação decorrem diretamente do nosso entendimento do futuro. O tempo futuro é o da esperança. O presente é o tempo do dever.*
>
> (Achille Mbembe – Crítica da Razão Negra)

É tempo de dever. E o que nós devemos? Quero aqui estabelecer os dois sentidos comuns que o verbo "dever" possui na língua portuguesa em terras brasileiras: primeiro é o sentido de obrigatoriedade em nossa ação social como cidadãos portadores dos nossos direitos civis e garantidores dos direitos de todos os outros; e, em segundo sentido, o verbo "dever" possui a compreensão de dívida, material ou imaterial, de algo a outro, ou outros. Fez-se necessária essa brevíssima propedêutica do uso do verbo "dever", já que este texto trará ao debate com o leitor algumas questões legais e diversas dívidas históricas de nossa sociedade referentes ao campo da educação e cultura do povo negro marginalizado nos grandes centros urbanos, pois este texto tem como proposta apontar para possíveis panoramas no cumprimento das dívidas históricas e de nossos deveres como professores e professoras de Filosofia[1]. A Filosofia no Brasil deve a esse povo negro marginalizado o acesso irrestrito a sua cultura ancestral, que é de mais da metade de nossa população. É dever dos professores e professoras de Filosofia reconhecer nossa ancestralidade africana e proporcionar aos estudantes secundaristas uma reflexão sobre as culturas africanas e afro-brasileiras.

Desde o início de minha caminhada acadêmica, uma questão sempre foi latente e pulsante durante meus estudos na graduação em Filosofia: será mesmo que a prática filosófica fora somente um milagre grego? A imensa maioria dos manuais de filosofia ou livros didáticos sempre aponta para esse milagre, mas confesso não me

---

[1] Usarei a grafia de "Filosofia" quando estiver tratando da disciplina escolar e acadêmica, tanto em sua história, quanto em seu método de ensino e aprendizagem.

identificar com vários aspectos antropológicos trazidos à tona pelos pensadores helênicos. O que sempre me fez questionar sobre o surgimento da Filosofia, foi por conta do imenso intercâmbio cultural dos povos mediterrânicos na antiguidade, e por consequência há, de fato, muitos traços culturais helênicos que têm sua fonte em povos e civilizações anteriores, como o caso dos egípcios.

Ao deparar-me com as disciplinas de História da Filosofia na América Latina e História da Filosofia do Brasil, senti um alento para minhas aflições filosóficas, finalmente tinha encontrado algum pensamento oriundo de meu povo, mesmo sabendo das limitações culturais ou filiações filosóficas eurocentradas. Logo me identifiquei com as obras de Tobias Barreto e seu criticismo germânico para a Escola de Direito do Recife. Mesmo carregado com uma Filosofia colonialista e eurocêntrica, como as disciplinas supracitadas e a Filosofia de Tobias Barreto, estas me deram fôlego para poder concluir minha graduação. Era um pequeno facho de luz na minha caminhada filosófica para seguir.

Adiantada a minha pesquisa de conclusão da graduação, em meu último período, tive a imensa felicidade de, finalmente, encontrar-me com a Filosofia Africana. Um encontro que seria a minha revolução copernicana particular, parafraseando a máxima kantiana. Enfim tinha encontrado um paradigma tradicional filosófico que me fizesse sentido de fato, preenchendo uma imensa lacuna em minha formação. A tradição filosófica africana fora a que, de fato, reconheceu-me como um sujeito cognoscente da realidade circundante, proporcionando uma reflexão filosófica plural. Antes desse encontro, meu horizonte era o de ser meramente mais um exegeta acadêmico eurocentrado, abandonando toda riqueza das culturas africanas e afro-brasileiras em detrimento da manutenção da lógica filosófica racional no ocidente.

As palavras de libertação dos filósofos latino-americanos foram fundamentais na busca dessas raízes culturais que me eram negadas e, por consequência, negligenciadas em meu cotidiano. Este sentimento que possuía também era empregado no texto do filósofo Enrique Dussel, que finalmente fez sentido quando o filósofo diz que:

> O pobre, o dominado, o índio massacrado, o negro escravo[2], o asiático das guerras do ópio, o judeu nos campeões de concentração, a mulher objeto sexual, a criança sujeita a manipulações ideológicas (também a juventude, a cultura popular e o mercado subjugados pela publicidade) não conseguirão tomar como ponto de partida pura e simplesmente, a "estima de si mesmo (DUSSEL, 1995, p. 19).

Mesmo tendo entrado em contato com os temas debatidos da Filosofia Africana no apagar das luzes de minha graduação, este foi suficiente para a efetiva compreensão da realidade do público que encontraria em minha primeira oportunidade de trabalho na educação pública, a socioeducação. Ao deparar-me com a realidade social destes estudantes, a necessidade de um ensino de Filosofia que rompesse com a tradição filosófica clássica se fez ainda mais urgente e necessária. Como dar uma aula sem reconhecer a ancestralidade ontológica dos socioeducandos, que em sua maioria são negros? Não estou tratando aqui de um debate raso sobre a ancestralidade africana dos afro-brasileiros, estou tratando, de fato, da origem ontológica do negro brasileiro e seus possíveis desdobramentos filosóficos. Dessa maneira, como superar o racismo que está enraizado em todo o processo de educação nacional, e dos sujeitos que foram, e são, historicamente excluídos e marginalizados? Como me aproximaria da realidade destes seres humanos que, em suas breves histórias de vida, carregam as chagas da violência urbana em suas peles e palavras? Como superar a estrutura racista de nossa sociedade e cultura violenta e eurocêntrica? A cada dia de trabalho, em sala de aula, mais e mais perguntas me ocorriam, poucas respostas encontrava. O desafio estava lançado. Acreditando que somente a tradição filosófica africana seja capaz de me auxiliar na busca de elucidação dessas questões levantadas, este trabalho de pesquisa e reflexão é, prioritariamente, destinado para os professores e professoras de

---

[2] Devemos ter atenção ao termo "escravo", tal termo denota uma natureza ontológica inexistente aos seres humanos escravizados pelo mercantilismo europeu. A atenção deve ao fato de que não existe tal natureza, pois todos os processos históricos de escravização ocorreram sobre o subjugo de um povo sobre o outro.

Filosofia que se debatem contra as amarras legais, curriculares e filosóficas racistas neste país, que ainda teima em um pensamento colonialista anacrônico.

Diversos são os desafios para os estudos da Filosofia Africana no Brasil, talvez o maior de todos os desafios que podemos encontrar, tanto na graduação, pós-graduação e escolas regulares, é o denominado *racismo estrutural* em suas várias facetas em nossa sociedade. Seguramente a estrutura social racista no Brasil também encontra suas ramificações no campo do ensino de Filosofia, principalmente quando estamos lidando com as culturas africana e afro-brasileira. Certa vez ouvi de um colega em uma aula de História da África, na graduação, que a Filosofia era a "mais branca" das denominadas: ciências humanas. Essa afirmativa nunca me tinha vindo à mente até então, e a partir daquele instante nunca mais saiu. Minhas leituras ficaram mais atentas a partir desse comentário a partir desse dia. Há sim um perceptível silenciamento do pensamento não eurocêntrico nos estudos acadêmicos de filosofia, de fato. Esse fenômeno ocorre, mais notadamente, nas pós-graduações dos cursos de filosofia. Tal fenômeno também é percebido em cursos além dos brasileiros, evidenciando que o silenciamento e desaparecimento das culturas oriundas de povos africanos não é um projeto nacional, mas ocorre com muita frequência em todo denominado "Novo Mundo". Segundo a filósofa estadunidense Susan Buck-Moss,

> Quanto maior a especialização do conhecimento, quanto mais avançado o nível de pesquisa, quanto mais longa e venerável a tradição intelectual, tanto mais fácil ignorar os fatos desviantes. Vale lembrar que a especialização e o isolamento representam um risco também para as novas disciplinas, como os estudos afro-americanos, ou para novos campos, como os estudos diaspóricos, criados precisamente para remediar essa situação. Fronteiras disciplinares com que as evidências contrárias passem a pertencer à história dos outros (BUCK-MORSS, 2017, p. 34).

Seguindo pela afirmativa de Buck-Moss, as pesquisas brasileiras sobre ensino de filosofias que não fazem parte dos cânones europeus são pouco exploradas em nosso cotidiano acadêmico, mesmo reconhecendo todo o esforço de vários pesquisadores e acadêmicos contra essa máxima. Nós temos que sempre ter em mente que nossa atual cultura é fruto da junção das múltiplas culturas nativas, africanas e europeias; com todas as evidências e narrativas violentas que carregam na formação deste amalgama cultural.

Diante dessa crise existencial, como professor e filósofo, lancei-me em uma pesquisa objetiva, e reflexiva, na busca de respostas para as inquietações que povoam minhas indagações. Esta pesquisa tem como intenção sulear[3] a prática do ensino de Filosofias para os internos da socioeducação, buscando fundamentos filosóficos e pedagógicos para além das tradições colonialistas. Esta pesquisa caminhou pelas perspectivas das tradições ancestrais trazidas pelo povo africano às terras brasileiras, e pelas filosofias africanas e afro-brasileiras contemporâneas, tendo como metodologia o Afroperspectivismo[4]. Tais tradições culturais e filosóficas são extremamente importantes para a compreensão de fenômenos socias, em nossa contemporaneidade, acerca da luta contra o racismo, em todas as suas complexidades conceituais, como as manifestações populares estadunidenses do movimento *Black Lives Matter*[5], que trouxe à tona diversas das questões causadoras do assassinato de George Floyd, levantando em todo o planeta discussões sobre a presença em ambientes públicos de estátuas dos colonizadores europeus, mercadores dos povos escravizados e escravagistas coloniais, por exemplo.

---

[3] Termo utilizado para marcar o método de pesquisa e de reflexão deste livro em todas as suas etapas.

[4] Segundo Renato Noguera, a afroperspectividade pode ser resumida como "uma abordagem filosófica pluralista" (NOGUERA, 2014, p. 68), reconhecendo a diversidade epistêmica existente de forma não hierarquizada.

[5] Movimento social estadunidense que desde a segunda década do século 21 vem se manifestando contra a estrutura racista das polícias e justiça nos Estados Unidos da América. Em 2020, o movimento toma dimensões globais após o assassinato de George Floyd por policiais da cidade de Mineápolis, que fora registrado e divulgado pelas redes sociais. A *hashtag vidasnegrasimportam* foi amplamente difunda no Brasil, seguindo um movimento global contra o racismo em todas as suas diversas manifestações.

Acredito que estejamos passando por um momento histórico crítico em nossas escolas, em nossa sociedade como um todo. O debate a respeito das questões sobre raça e gênero nunca foi tão vívido em nosso cotidiano, por conta disso busco refletir nossa realidade a partir de uma estrutura ético-política escolar que seja capaz de considerar todas as matizes culturais que a Filosofia possa vir a possuir em toda a sua historicidade. Dessa maneira, deve-se buscar as múltiplas filosofias para se pensar em uma efetiva Filosofia inclusiva, para que não se ancore somente na tradição helênica. Sim, é o momento de sermos plurais filosoficamente, pois a nossa cultura brasileira assim é, plural. Nós, os seres humanos, somos plurais por conta de cada uma de nossas singularidades. Esse pressuposto nos é dado graças às teses descolonizadas da filosofia africana contemporânea.

Sabemos a partir de agora que o todo existencial é plural. A Filosofia, como um dos frutos da criatividade e inteligência humana, não deveria mais negar as filosofias não oriundas ou enraizadas na aurora grega. O sul-africano Mogobe Ramose propõe o que ele denomina como "pluriversalidade" filosófica no texto *Sobre a Legitimidade e o Estudo da Filosofia Africana*, quando estabelece que "a filosofia existe em todo lugar". Com efeito, a Filosofia é onipresente e pluriversal, apresentando suas diferentes faces e fases decorrentes de experiências humanas particulares" (RAMOSE, 2011, p. 8). Então nós, professores e professoras de Filosofia no Brasil do século 21, temos que cumprir nosso dever, como profissionais e cidadãos, de se fazer valer com os direitos de nossos estudantes, que é ensinar a história da filosofia ou a se filosofar considerando todas as matrizes culturais brasileiras. Devemos, de fato, ensinar as filosofias que formam, formaram e formarão os cidadãos de nossa nação. Negar a existência das filosofias é um grande equívoco para o ensino de Filosofia.

A partir da mudança na LDB[6] causada pela Lei 10639/03, torna-se então obrigatório o ensino sobre História e Cultura Afro-brasileira em todos os segmentos da educação básica, pública ou privada. Importante salientar que antes mesmo do retorno obrigatório da Filosofia no

---

[6] Lei 9.394, promulgada em 20 de dezembro de 1996, que trata das Diretrizes e Bases da Educação Nacional.

ensino médio em nosso país, que ocorrera somente no ano de 2008, já tínhamos como dever profissional na educação estabelecer um ensino voltado à cultura plural que forma e emana de nosso povo.

Mesmo sendo um dever imposto por força de lei, o ensino das culturas africanas e afro-brasileiras se deu, certamente, graças aos bons frutos das décadas de lutas sociais do Movimento Negro Brasileiro (GOMES, 2017 p. 13). Reconheço que toda essa luta foi fundamental, mas infelizmente ainda não superamos uma das questões mais debatidas atualmente: o racismo que estrutura as nossas instituições de ensino em todas suas modalidades. Sabemos que o racismo, em suas mais diversas formas de ação ou de existência, é o maior entrave para uma efetiva educação plural em nossas escolas. Segundo Silvio Almeida,

> [...] o racismo é a manifestação normal de uma sociedade, e não um fenômeno patológico ou que expressa algum tipo de anormalidade. O racismo fornece o sentido, a lógica, e a tecnologia para a reprodução das formas de desigualdade e violência que moldam a vida social contemporânea (ALMEIDA, 2019, p. 21).

O racismo é a parte estruturante que forma a lógica para a exclusão das filosofias não helênicas em todos os campos epistemológicos. O ensino de Filosofia deve romper essa lógica, não somente nas escolas, mas também na formação dos futuros professores de Filosofia. A estrutura social racista encontra-se na própria grade curricular e dentro dos planos de ensino, quando estes negam as culturas africanas, afro-brasileiras e dos povos nativos do Brasil. Há sim a normalidade racista dentro das instituições escolares brasileiras, mesmo que seus profissionais não sejam racistas. O racismo epistêmico é estruturante dentro dos currículos escolares (GOMES, 2017, p. 41).

Quanto aos povos nativos brasileiros, houve também o mais que necessário reconhecimento de sua suma importância na formação de nossa cultura a partir da revisão da Lei 10.639/03 pela Lei 11.645/08 que inclui a obrigatoriedade do ensino das culturas Africana, Afro--brasileira e Indígena. É importante salientar a inclusão da cultura dos povos nativos brasileiros, pois reconhece-se dessa maneira uma busca pelo ensino efetivamente pluriversal em nossas escolas. Com o retorno da Filosofia ao espaço escolar, surgiram vários e novos desafios aos profissionais do ensino de Filosofia e estes se tornam enormes diante de um horizonte novo nas escolas: as práticas de uma educação efetivamente antirracista e inclusiva.

Frente as questões do racismo em nossa conformação sociopolítica, a proposta de pesquisa que proponho é a de pensar uma atuação antirracista para o ensino de Filosofia nos centros socioeducacionais, associando essa proposta às teses debatidas pela Filosofia Africana e Afro-diaspórica, subsidiado pela obrigatoriedade do ensino das culturas africana e afro-brasileira. Utilizando o conceito de pluriversalidade proposto pelo filósofo sul-africano Mogobe Ramose como fundamento principal deste trabalho, o mesmo também tratará de questões como: Racismo epistêmico, Pensamento Descolonizado e Ética *Ubuntu*.

Também serão debatidas as condições metodológicas do ensino de Filosofia na socioeducação, esse debate se faz necessário, pois o trabalho dos docentes nesses centros é realizado em modalidades diversas, não sendo possível uma padronização na prática pedagógica de modo funcional. Respeitando toda legislação que regula o trabalho nas unidades socioeducativas. Para uma compreensão mais detalhada do sistema socioeducativo e suas origens, será traçado uma linha temporal que demonstrará evolução da educação para os jovens em conflito com a lei, a partir do momento que se reconhece os direitos civis desses jovens.

O presente trabalho tem também como objetos de pesquisa e recorte geográfico, os estudantes nas unidades do IASES[7] no município de Cariacica do estado do Espírito Santo. Sendo o público pesquisado os adolescentes-autores de ato infracional e toda a problemática e desafios que circundam a educação dentro das unidades socioeducativas tornam a pesquisa ainda mais complexa e instigadora. Entendo que o processo socioeducativo tem como objetivo focal melhorar a compreensão da realidade circundante dos internos e

---

[7] Instituto de Atendimento Socioeducativo do Espírito Santo.

uma efetiva integração social, por meio dos atendimentos educacionais e psicológicos, no que concerne aos direitos de cidadania dos adolescentes-autores de atos infracionais em todo o território brasileiro (ROSA, 2007, p. 38).

Nossos jovens em conflito com a lei, em especial no estado do Espírito Santo, são oriundos e residentes das comunidades periféricas dos grandes centros metropolitanos, e carregam em suas histórias, corpos e vivências, grandes cicatrizes causadas pelas diversas faces da violência que nossa sociedade racista e excludente proporciona. Os adolescentes-autores de atos infracionais adentram os centros socioeducativos privados de grande parte de seus direitos de cidadania e de humanidade, há um fenômeno bastante evidente de analfabetismo entre os socioeducandos, quando observamos que parte expressiva dos estudantes inicia seu processo escolar somente ao tornar-se um interno do sistema socioeducativo.

O racismo estrutural[8] evidencia-se quando, segundo dados de agosto de 2020 do Observatório Digital da Socioeducação[9] fornecido pelo IASES, demonstra que 93% de seus internos se declaram pretos e pardos. Em sua grande maioria, assim como nos complexos penitenciários, os negros são os sujeitos perseguidos e privados de seus direitos de cidadania. Como consequência disso, tornam-se vítimas da estrutura racista de nossa sociedade, que proporciona um genocídio do jovem negro no Espírito Santo.

Sempre tratando, de início, de uma proposta que visa criticar a tradição hegemônica ocidental da Filosofia nas escolas regulares, este trabalho trará como protagonista a necessidade do ensino das filosofias africanas e afro-brasileiras, para além das filosofias europeias, nas salas de aula dos estudantes dos centros pedagógicos do IASES, com todas suas especificidades. Busca-se, com isso, a inclusão dos filósofos, filósofas e filosofias não europeus que são excluídos dos

---

[8] Tese defendida pelo doutor Silvio Almeida que entende que o "racismo é sempre estrutural, ou seja, de que ele é um elemento que integra a organização econômica e política da sociedade" (ALMEIDA, 2019, p. 20).

[9] Observatório criado pelo IASES que fornece dados estatísticos sempre atualizados sobre suas unidades socioeducativas.

currículos acadêmicos e escolares, numa proposta afroperspectivista. Sabemos que esta exclusão não se dá somente no ensino médio, ela também ocorre nos centros universitários em grande parte de nosso país, mesmo sendo obrigatório o ensino dentro das salas de aula de qualquer que seja a modalidade, essa exclusão só confirma a ação do racismo epistêmico em nossos currículos escolares.

Entendo como excluídos todos aqueles que não fazem parte do imaginário humanista eurocêntrico, conforme aponta Enrique Dussel em *Filosofia da Libertação: Crítica à ideologia da exclusão*. A exclusão racial causa nos sujeitos latino-americanos um desconhecimento sobre sua gênese, um afastamento sobre suas origens. Para o filósofo argentino,

> [...] na presença do escravo que nasceu escravo e que nem sabe que é uma pessoa. Ele simplesmente grita. O grito – enquanto ruído, rugido, clamor, protopalavra ainda não articulada, interpretada de acordo com o seu sentido apenas por quem "tem ouvidos para ouvir" – indica simplesmente que por quem "tem ouvidos para ouvir" – indica simplesmente que alguém está sofrendo e que o íntimo de sua dor nos lança um grito, um pranto, uma súplica (DUSSEL, 1995, p. 19).

Dessa maneira, é possível notar que a proposta deste trabalho é de inclusão das culturas formadoras dos sujeitos latino-americanos em detrimento de um discurso universalizante e exclusivista da tradição filosófica. Este trabalho não tem como protagonismo apontar as práticas racistas de vários filósofos durante o decorrer da história ocidental[10], este trabalho tem como objetivo debater o ensino de Filosofia dentro dos centros socioeducativos para além da proposta hegemônica da grande maioria dos livros didáticos e grades curriculares sustentada pelas ideias excludentes oriundas de séculos de políticas mercantilistas e posteriormente capitalistas, que são a base para a manutenção do racismo estrutural em nossa sociedade.

---

[10] Pesquisas apontam que discursos racistas são encontrados em obras filosóficas de grandes nomes da história da filosofia, e que tais discursos são responsáveis pela formação do *ethos* do sujeito ocidental.

1

ENSINO DE FILOSOFIA, RACISMO E SOCIOEDUCAÇÃO

[...] mostre um povo como uma coisa, uma coisa só, sem parar, e é isso que esse povo se torna.

(Chimamanda Ngozi Adichie)

O ensino de Filosofia e a socioeducação são realidades de trabalho extremamente modernas em nossa historicidade educacional básica. Essas realidades ainda carecem de novas pesquisas e novas perspectivas para um conhecimento mais aprofundado sobre suas reais demandas. Muito do trabalho dos professores e professoras nesses campos necessitam de novas e eficazes propostas pedagógicas tendo como horizonte de resultado, a aprendizagem crítica de todos os sujeitos envolvidos no ensino de Filosofia na socioeducação. Seguindo a afirmação de Maria Nilvane Zanella, a "educação, assim como o trabalho são atividades essencialmente humanas" (ZANELLA, 2011, p. 36), ou seja, só humanos são capazes de se educar e educar outro semelhante como fruto do trabalho de sua construção como sujeito e agente no mundo material. Com efeito, é necessária a humanização da *práxis* no ensino de Filosofia para atender as questões únicas que a socioeducação traz à tona em sua condição dentro daquilo que se entende como realidade cotidiana. Juntemos a essa condição, a obrigatoriedade por força de lei do ensino das culturas africanas e afro-brasileiras, que é negligenciada de forma sistemática pelos diversos agentes educacionais do Estado brasileiro. Essa negligência é o resultado do racismo estrutural que está instalado em todo o tecido social de nosso país. Estamos, a partir deste breve prognóstico, diante de uma questão bastante urgente em nossos dias atuais: o ensino de Filosofia em centros socioeducativos, reconhecendo a diversidade cultural de nossa nação e cumprindo o direito a uma escolarização que reconheça como fundamental as culturas africanas, afro-brasileiras e indígenas.

É muito importante atentar para o fato de que a situação de exclusão social dos socioeducandos seja um assunto pouco debatido dentro das licenciaturas brasileiras. Mesmo com as novas grades nos cursos de licenciatura, a socioeducação e, juntamente, a educação prisional são campos educativos pouco desenvolvidos em nossos cursos de licenciatura. Essa falta de debate e pesquisa, além de criar uma lacuna na formação dos novos professores, gerando por sua vez, uma infinidade de preconceitos ou generalizações sobre a temática. Esse fato somente empobrece o desenvolvimento do conhecimento pedagógico para essas áreas específicas como a escolarização de internos nos espaços de restrição de suas liberdades. Infelizmente, as medidas socioeducativas são, para grande parcela dos professores e professoras recém-formados nas licenciaturas dos centros universitários, um grande mistério que se encontra submergido em um oceano de preconceitos opinativos. Assim, a educação dentro dos centros de restrição de liberdades, em especial, os socioeducativos, torna-se ainda mais misteriosa para aquele jovem professor ou professora, que em alguns casos encontra uma oportunidade de início de sua carreira somente nesses centros, justamente por serem locais de ensino marginalizados por conta dos preconceitos e discriminações ao público escolar oriundos dos séculos de abandono e desinteresse estatal.

Devido às afirmações trazidas anteriormente, é necessária uma breve exposição histórica sobre a origem dos centros socioeducativos em território brasileiro, que são compreendidos pelo senso comum, equivocadamente, como centros de detenção ou reformatórios. Para uma compreensão ampla, uma linha histórica irá expor questões sociais sobre a necessidade dessas instituições educacionais. Para isso, Maria Nilvane Zanella expõe que, ao se tratar dos processos socioeducativos, é importante:

> [...] contextualizar que, assim como em outras áreas da educação ou social, os profissionais trazem consigo fundamentações teóricas e entendimento de

homem, sociedade e mundo. Compreender o adolescente em situação de conflito com a lei, sob o prisma da educação social crítica é perceber nele um sujeito histórico, social, que influencia na sua realidade e sofre influência dela com seus limites e perspectivas (ZANELLA, 2011, p. 66).

Zanella deixa-nos bem delineado que os adolescentes em conflito com a lei devem receber uma educação crítica reconhecendo-os como sujeitos que carregam em seus corpos uma história própria que é fruto de anos de abandono de comunidades nos grandes centros urbanos, desde os tempos imperiais. Essa construção histórica dos jovens em conflito com a lei pode ser entendida como um legado do conflito de "homens de carne e osso" que o filósofo mexicano Leopoldo Zea acredita ser resultado dos séculos das políticas coloniais vindas das metrópoles europeias, e que acabam por ser criadoras das várias chagas sociais nos países da América latina. Por conta disso, Zea salienta que os sujeitos herdeiros desse histórico colonial têm "[...] seus modos peculiares de existência, resultado de suas próprias e inevitáveis condições de vida também em conflito com outros homens igualmente peculiares" (ZEA, 2005, p. 49).

Há o fenômeno atual, oriundo de uma secular crença do senso comum de nossa sociedade sobre a necessidade do uso da violência contra os internos dos centros de socioeducação e penitenciários, como ferramenta no processo de reforma educacional e escolar dos sujeitos privados de sua liberdade[11]. Outro fato que deriva desse mesmo senso comum é o de que as instituições socioeducativas são, na verdade, centros de detenção prisionais e, por conta disso, são erroneamente compreendidas por grande parte de nossa população, inclusive pelos próprios socioeducandos, como locais de punição onde os internos devam receber uma série de castigos físicos, torturas e suplícios. É necessária a devida atenção sobre como surge esse entendimento dentro do nosso senso comum, inclusive por

---

[11] Conforme Juliana Borges, o pensamento comum entre nós brasileiros "é condicionado a pensar as prisões como algo inevitável para quais quer transgressões convencionadas socialmente. Portanto, a punição já foi naturalizada no imaginário social" (BORGES, 2019, p. 35).

parte dos educadores e socioeducadores. Desta feita, trataremos a partir de agora uma reflexão sobre a transição histórico-filosófica dos castigos físicos infligidos na antiguidade e medievo para o entendimento da restrição de liberdade nos centros de detenção na história moderna do mundo ocidental.

A punição física das infrações, que fora praticada das mais diversas e violentas formas no ocidente, ainda é, em nossa época, compreendida e aceita por parte da população, como ação estatal educativa e corretiva. Esse ideário deriva de várias tradições mantidas das mais antigas civilizações. Assim, Edinete Maria Rosa nos mostra que o

> [...] direito de punir derivou, nos primórdios da civilização humana, do desejo de vingança individual, regulamentado pela comunidade através da delegação a uma autoridade, assim reconhecida politicamente, de impingir, ao infrator das regras sociais, castigo em decorrência de seu crime [...] a punição é a forma de expressão social de uma revolta coletiva contra os que contrariam as normas em vigor (ROSA, 2007, p. 17).

Punir os prisioneiros com torturas tornou-se uma ferramenta de controle social aceitável em praticamente todas as comunidades humanas, em algum momento de suas histórias. Durante grande parte da história ocidental, diversos foram os tipos de punição e sempre visando aos mais infames e lancinantes castigos e suplícios aos corpos dos sujeitos condenados[12], além da restrição da liberdade que estes também recebiam como pena até o dia de suas execuções. Somente com o surgimento do Estado Moderno no mundo ocidental, que esses castigos, torturas, suplícios e pena de morte deram lugar à restrição da liberdade por encarceramento, que desde então

---

[12] Michel Foucault chama-nos a atenção sobre a violência do calvário aplicado aos condenados já no início de seu livro *Vigiar e Punir*, onde narra de maneira detalhada todo o suplício e tortura infligidos ao condenado *Damiens* por seus algozes. O filósofo também salienta que os suplícios "[...] não sancionam os mesmos crimes, não punem o mesmo gênero de delinqüentes. Mas definem bem, cada um deles, um certo estilo penal" (FOUCAULT, 1987, p. 11).

> [...] passou a ser visto como uma alternativa de pena e si mesmo, e novos modelos de penitenciárias [...] em todo o mundo ocidental a prisão a partir da segunda metade do século XVIII, e com mais ênfase no século XIX, constituiu-se na forma mais geral de castigo (ROSA, 2007, p. 25).

A institucionalização estatal dos presídios em todo o ocidente trouxe uma economia financeira e política aos Estados modernos, pois deu-se fim aos suplícios em praça pública, além de ser uma excelente ferramenta de exclusão dos sujeitos que a sociedade torna em invisíveis atrás de suas muralhas. No interior dos modernos presídios, seus internos são submetidos ao processo de "adestramento" como um processo educacional. Pouco se considera sobre a que condições esses internos adentram os sistemas penitenciários em todo o ocidente[13]. Desta feita, o "'adestramento' dos seres humanos, através da imposição da disciplina, tornam-se, então, desnecessárias as punições físicas" (ROSA, 2007, p. 27).

Esse contexto punitivo também se recaía sobre os, então chamados, jovens delinquentes até meados do século 18. Não havia distinção entre as faixas etárias dos sujeitos aprisionados, assim era comum que jovens e crianças fossem encarcerados juntamente com os adultos. Apenas com o surgimento do direto penal e seus códigos específicos que houve uma distinção entre os sujeitos condenados ou privados de sua liberdade aguardando julgamento. Então ainda no século 19 surge no ocidente a "justiça de menores" e seus centros específicos, oriundas das

> [...] críticas humanitárias contundentes quanto à aplicação da Justiça Criminal às crianças e adolescentes. Desenvolveu-se sob a compreensão de que se deveria atribuir aos infratores menores de 18 anos medidas educativas, diferenciadas da pena

---

[13] Michelle Alexander aponta para o fato de que "[...] uma perspectiva histórica contudo a falta de correlação entre crime e punição não é nenhuma novidade. Sociólogos têm observado frequentemente que os governos usam em primeiro lugar a punição como ferramenta de controle social e que por isso a extensão ou o rigor das punições com frequência não guardam relação com os padrões de criminalidade" (ALEXANDER, 2017, p. 44).

aplicada ao adulto, que os atingiam com muito mais brutalidade, devido ao seu peculiar estágio de desenvolvimento (ROSA, 2007, p. 33).

Examinado atenciosamente a história e a realidade brasileira, esse cuidado na distinção dos sujeitos por faixa etária ocorre apenas nos primeiros anos do século 20. Exatamente em 1913 fora criada uma instituição que cuidava tanto dos problemas de infração das crianças e adolescentes quanto das crianças abandonadas. Esses jovens infratores eram encaminhados para os mesmos centros cuidadores de órfãos e crianças desvalidas. Essa prática pouco mudou até a criação do FUNABEM[14], que possuía a intenção de implantar a chamada: Política Nacional de Bem-Estar do Menor. Houve, durante quase todo o século 20, a falta de distinção entre jovem em conflito com a lei e menor abandonado. Somente em 1990, com a promulgação do Estatuto da Criança e do Adolescente (ECA)[15], que esses jovens passaram a ter distinção em suas situações e a serem reconhecidos como sujeitos providos de direitos. A partir do ECA, esses jovens excluídos, abandonados e por decorrência infratores, passaram a ter direito à educação, à saúde, à dignidade e à segurança, cabendo ao Estado o dever de garantir esses direitos. Ainda no início da década de 1990, foi instituído a criação do CONANDA (Conselho Nacional do Diretos da Criança e do Adolescente); tendo como missão institucional a fiscalização e gestão das políticas relativas à criança e ao adolescente.

Apenas no ano de 2012, com a criação do SINASE[16] (Sistema Nacional de Atendimento Socioeducativo), que o Estado brasileiro passou a ter uma política exclusiva para a questão do jovem em ato infracional. Com a criação do SINASE, cada Unidade Federativa teve de instituir sua autarquia para a implementação e funcionamento dos centros socioeducativos, mas sempre trabalhando em comunhão entre os poderes executivos das esferas federal, estadual e municipal.

---

[14] Fundação Nacional do Bem-Estar do Menor, que é instituída no lugar do Serviço de Assistência aos Menores (SAM) oriunda do governo de Vargas.

[15] Lei 8.068, de julho de 1990.

[16] A Lei 12.594, de 18 de janeiro de 2012, instituiu o SINASE, que regulamentou o processo socioeducativo em todo o território brasileiro.

É compreensível o porquê de o processo socioeducativo ainda carregar consigo uma equivocada visão de senso comum como centros destinados à educação e à punição para os jovens em conflito com a lei, conforme explicitado no texto apresentado. Essa compreensão equivocada é ocasionada, conforme o entendimento de Zanella, pelas diversas mudanças das políticas públicas e de gestões durante a história, criando uma carência de pesquisas, e, por consequência, ignorância institucional desse fenômeno social. Segundo a pesquisadora,

> [...] é possível dizer que o processo histórico vivenciado pelo sistema socioeducativo do Brasil, ainda não possibilitou que os atores e pesquisadores, se detivessem em analisar o conhecimento até agora produzido para embasar as metodologias de atendimento. Ou seja, as medidas de segurança, as rebeliões, as constantes trocas dos gestores, o assédio da imprensa e as críticas da academia – para mencionar alguns fatores – contribuíram para que o sistema fosse se envolvendo com os problemas emergenciais do cotidiano e não parasse para refletir sobre seus resultados positivos ou negativos (ZANELLA, 2011, p. 33).

Apesar de existir em nossa atualidade uma política e gestão públicas atentas à socioeducação em âmbito federal visando atender as questões históricas de abandono das crianças e adolescentes em conflito com a lei, ainda há conforme apontado pela pesquisa de Zanella, um trabalho carente de metodologias específicas para esse atendimento socioeducativo. Essa carência vai além das questões pedagógicas, pois estas também dizem respeito às pesquisas sociológicas e sobre a psicologia dos socioeducandos[17].

---

[17] "[...] a redução das políticas públicas no sentido da redução das desigualdades e da assistência dos grupos menos favorecidos, típicas dos novos governos capitalistas, necessariamente deve ser seguida de uma forte repressão na área penal, constituindo um dos maiores paradoxos no neoliberalismo: remediar o seu 'menos Estado' social com um 'mais Estado' penal. Nas palavras deste autor, 'a atrofia deliberada do Estado social corresponde a hipertrofia distópica do Estado Penal'" (ROSA, 2007, p. 64).

1.1 O ENSINO DE FILOSOFIAS PARA A SOCIOEDUCAÇÃO

> *A educação não é um campo fixo e nem somente conservadora. Ao longo dos tempos é possível observar como o campo educacional se configura como um espaço-tempo inquieto, que é ao mesmo tempo indagador e indagado pelos coletivos sociais diversos.*
>
> (Nilma Lino Gomes)

A socioeducação é uma proposta bem recente aos estudos pedagógicos, assim como o retorno do ensino de Filosofia, ambas fazem parte de uma nova proposta de políticas educacionais em nosso país a partir do século 21. Mesmo sendo uma disciplina considerada clássica no mundo ocidental, podemos dizer que tão antiga quanto à Matemática, o retorno da Filosofia ao currículo do ensino médio brasileiro[18] se deu somente passados anos de militância por parte dos professores brasileiros que lutaram pelo seu retorno às salas de aula, após sua não obrigatoriedade nos currículos escolares e posterior proibição pelo Regime Militar a partir da década de 1960. O ensino de Filosofia no Brasil historicamente sofreu grande resistência política para seu retorno completo devido sua cotidiana atuação crítica diante dos fenômenos sociais brasileiros, sendo então substituído pelas disciplinas de Educação Moral e Cívica e OSPB – Organização Social e Política Brasileira[19] – que tinham um conteúdo baseado no ufanismo da ditadura militar instalada, não proporcionando uma educação crítica da realidade social dos alunos brasileiros.

Se já reconhecemos que o ensino de Filosofia é recente, ainda mais moderna é a sua prática pedagógica como um ensino de "filosofias", reconhecendo dessa maneira outras raízes culturais para além da tradição helênica estabelecida no mundo ocidental, que é dominante nos currículos e grades escolares. A presente pesquisa para o ensino de filosofias leva em conta o reconhecimento de outros povos que

---

[18] A Lei 11.684/08 garantiu o retorno da Filosofia às escolas brasileiras de ensino médio como disciplina obrigatória.

[19] Disciplinas que se tornaram obrigatórias nas escolas brasileiras após o decreto de Lei 869/68. Tais disciplinas eram marcadas pelo caráter nacionalista e ufanista, e foram substitutas das disciplinas de Filosofia e Sociologia durante o regime militar.

deixaram viva a sua cultura em especial, no nosso país; ou o fato da existência de outros povos contemporâneos que fazem o ensino de Filosofia para além das tradições ocidentais. Essas tradições ainda não estão efetivamente contempladas nos grandes debates dos círculos acadêmicos por não possuírem o reconhecimento histórico-cultural dos povos não europeus na formação de nossa civilização. Buscando superar essa limitação histórico-filosófica, que se prende ao eurocentrismo cultural que norteia os trabalhos filosóficos brasileiros, irei, então, "sulear"[20] este trabalho. Essa ação se faz mais que necessária, nos nossos dias, para que os diálogos com propostas filosóficas tratadas como "marginais"[21] aos cânones helênicos sejam elencados com a importância que se deve. Nestes diálogos, o que serão tratadas são propostas que sejam plurais, não eurocentradas, em suas teses. Este diálogo se dará principalmente com as tradições africanas e afro-brasileiras. Associando-me à filosofia de Wanderson Flor do Nascimento (2016), acredito que seja:

> [...] importante notar que as filosofias africanas são plurais; ou seja, em sua vertente contemporânea que mais substancialmente se constituiu como uma resposta ao eurocentrismo, sejam as outras perspectivas as outras perspectivas, que em níveis diferentes de diálogo com o pensamento ocidental, abordam problemas, instanciações e perspectivas distintas. A África é um vasto continente e é importante tratá-la como tal (FLOR DO NASCIMENTO, 2016, p. 234).

Para Renato Noguera, a "disciplina de Filosofia, conforme a Legislação Educacional, deve manter um diálogo com os temas ligados ao exercício da cidadania, obviamente sem estar limitada a usos instrumentais para a vida cidadã" (NOGUERA, 2014, p. 85). Sendo assim, acredito que uma proposta de ensino de Filosofia para o sistema

---

[20] "Sulear aparece aqui numa direta contraposição ao termo 'nortear'. Na esteira das literaturas de Boaventura Santos, concordamos que as conotações ideológicas articulam as ideias de Sul e Norte como em desenvolvimento versus desenvolvido, bárbaro versus civilizado, periferia versus centro" (NOGUERA, 2012, p. 63).

[21] Seguindo a mesma lógica do "Sulear", este trabalho dialoga diretamente com as filosofias que formam a periferia da tradição filosófica acadêmica em território brasileiro.

socioeducativo deva estar em consonância com a condição humana e social de seus educandos: os jovens em conflito com a lei. Assim, as demais disciplinas devem seguir as mesmas diretrizes para o aprendizado específico desses alunos, apesar de todas as especificidades legais necessárias à socioeducação, não deve ser negado uma educação formadora de sujeitos críticos. É importante salientar que, conforme aponta a OCNEM[22], o ensino de Filosofia deve contemplar três pontos fundamentais e basilares, que carregam em sua proposta e forma uma:

> [...] coerência entre a prática escolar e princípios estéticos, políticos e éticos, a saber:
>
> I. a **Estética da Sensibilidade**, que deverá substituir a da repetição e padronização, estimulando a criatividade, o espírito inventivo, a curiosidade pelo inusitado e a afetividade, bem como facilitar a constituição de identidades capazes de suportar a inquietação, conviver com o incerto e o imprevisível, acolher e conviver com a diversidade, valorizar a qualidade, a delicadeza, a sutileza, as formas lúdicas e alegóricas de conhecer o mundo e fazer do lazer, da sexualidade e da imaginação um exercício de liberdade responsável;
>
> II. a **Política da Igualdade**, tendo como ponto de partida o reconhecimento dos direitos humanos e dos deveres e direitos da cidadania, visando à constituição de identidades que busquem e pratiquem a igualdade no acesso aos bens sociais e culturais, o respeito ao bem comum, o protagonismo e a responsabilidade no âmbito público e privado, o combate a todas as formas discriminatórias e o respeito aos princípios do Estado de Direito na forma do sistema federativo e do regime democrático e republicano;
>
> III. a **Ética da Identidade,** buscando superar dicotomias entre o mundo da moral e o mundo da matéria, o público e o privado, para constituir identidades

---

[22] Orientações Curriculares Nacionais para o Ensino Médio.

> sensíveis e igualitárias no testemunho de valores de seu tempo, praticando um humanismo contemporâneo, pelo reconhecimento, pelo respeito e pelo acolhimento da identidade do outro e pela incorporação da solidariedade, da responsabilidade e da reciprocidade como orientadoras de seus atos na vida profissional, social, civil e pessoal (BRASIL, 2006, p. 25).

Tendo os três tópicos supracitados como ponto de partida, farei conforme a "construção" que Renato Noguera nos instrui sempre com o objetivo de um ensino filosófico plural que abarca as filosofias em detrimento de uma filosofia hegemônica ocidental. Acompanhando essa "construção" como panorama do cotidiano do ensino, nosso autor aponta também três pontos de coerência para o ensino de Filosofia com a Lei 10.639/03. Segundo ele,

> [...] diante desses três tópicos publicados nas Diretrizes Curriculares Nacionais para o Ensino Médio, a filosofia pode ajudar na construção o de: 1º) Uma estética plural e antirracista; 2º Uma política que combata as assimetrias baseadas em critérios étnico-raciais; 3º) Uma Ética que combata as discriminações negativas endereçadas a grupos étnicos-raciais que historicamente têm sido subalternizados, propor uma Ética ubuntu (NOGUERA, 2014, p. 85).

Assim, caberá ao Estado brasileiro e suas várias secretarias, estaduais e municipais, de educação promover, incentivar, pesquisar, capacitar e orientar seus professores e professoras visando ao ensino da história das filosofias, pois a disciplina escolar da Filosofia deve ser "formada por várias tradições, deve promover o pensamento crítico" (NOGUERA, 2014, p. 83). Esse pensamento crítico é essencial no posicionamento contra o racismo infligido aos socioeducandos, pois promove uma tomada de consciência destes a respeito da diversidade cultural ao qual fazem parte e os aproxima de suas ancestralidades. Segundo Frantz Fanon, o "racismo incha e desfigura o rosto da cultura que o pratica" (FANON, 2019, p. 72). Com efeito, o ensino de Filosofia deve promover aos socioeducandos uma postura antirracista diante das marcas raciais que desfiguram nossa sociedade contemporânea.

Encontramos durante este estudo alguns desafios para o ensino de "filosofias" de nossos socioeducandos: a formação dos novos professores que não contempla outras filosofias em detrimento da tradição ocidental filosófica; a garantia de cumprimentos dos Direitos Humanos e de cidadania dos internos; questões do racismo epistêmico e grades curriculares engessadas que não contemplam a Lei 10.639/03[23]. Alguns desses pontos tratarei mais adiante com a densidade e atenção necessárias. Para este momento, será aprofundada a questão das garantias de todos os direitos de cidadania dos socioeducandos.

Como já fora explicitado anteriormente, é papel do Estado garantir todos os direitos descritos no ECA aos internos dos centros socioeducativos, além dos demais direitos de cidadania destes. Também é obrigatório ao Estado o cumprimento da Lei 10.639/03 em todos os níveis de escolarização. Desta feita, continuando com o pensamento de Noguera, este texto também se propõe a seguir a

> [...] oportunidade de contribuir para desfazer um dos maiores equívocos a respeito da filosofia. Um erro que parece permanecer encoberto pelo material didático de ensino de filosofia adotado pela maioria das escolas no Brasil (NOGUERA, 2014, p. 12).

O que retrata nosso autor é fático. A condição encontrada, na realidade da maioria dos materiais didáticos de Filosofia, é a não contemplação de conteúdos de matrizes africana, afro-brasileira e indígena. Esta é uma condição que também se dá nos currículos universitários ou grades curriculares propostas pelas secretarias estaduais de educação. Conforme descrito, tais problemas se encontram, não só no ensino de Filosofia dos socioeducandos, mas em quaisquer que sejam as etapas do ensino escolar. E isso torna, por si só, o desafio da

---

[23] Mesmo recebendo uma atualização na Lei 11.645/08, que inclui o ensino obrigatório das culturas indígenas, usaremos a Lei 10.693/03 como "registro político que identifica nesse inciso marco legal, um divisor histórico e político que nasceu de uma agenda do movimento negro. Portanto não se trata de ignorância legal, mas de opção política e pedagógica fazer uso da Lei 10.693/03 para se referir à História e Cultura Afro-Brasileira e Africana, e da Lei 11.645/08 para se referir somente à História e Cultura Indígena" (NOGUERA, 2014, p. 18).

educação nos centros socioeducativos bastante complexo. As políticas socioeducativas também encontram seus entraves de segurança na execução das normas e portarias que dizem respeito às questões escolares. Zanella aponta esse fato e salienta que no

> [...] que diz respeito à educação escolar no espaço da privação de liberdade, não se conhece uma proposta nacional condizente com a especificidade desse espaço e as que existem desconsideram o currículo elaborado para as escolas de ensino regular ficando desarticuladas e impossibilitando a real inserção escolar do adolescente posterior a sua progressão de medida (ZANELLA, 2011, p. 34-35).

Com efeito, mesmo existindo a garantia do direito à educação, não há efetivamente um interesse na criação de uma proposta funcional para um currículo específico, reconhecendo todos os desafios da realidade nas escolas dentro dos centros de restrição de liberdade e centro socioeducativos. Nota-se uma falta de articulação com os currículos executados em escolas regulares com as condições específicas da educação em centros de restrição de liberdade. Essa situação não é a propícia para a continuidade dos estudos dos jovens após a saída desses centros, pois há um abismo metodológico entre essas modalidades de ensino praticadas fora desses centros.

Diante dessa condição para o trabalho dos professores e professoras, o ensino de Filosofia dentro dos centros socioeducativos deve visar sempre uma coordenação sistêmica dos trabalhos, pois a proposta socioeducativa se realiza em conjunto com todos os profissionais além do corpo docente, como: agentes socioeducativos, Técnicos de serviço social, psicólogos etc. Todo esse trabalho tem como foco atender os direitos básicos de cidadania desses jovens, além da escolarização e aprendizagem. Adiante será tratado a relação do ensino de Filosofia com os jovens em conflito com a lei.

1.2 O SOCIOEDUCANDO E O ENSINO DE FILOSOFIAS

Continuo a ser um ser humano, por mais intrínseca que seja a violência das tentativas que pretendem me fazer acreditar que não sou.

(Achille Mbembe)

As diretrizes do SINASE elencam alguns princípios de funcionamento dos centros socioeducativos, dentre eles destacamos os seguintes: "1. Os adolescentes são sujeitos de direitos, entre os quais a presunção da inocência; 2. Ao adolescente que cumpre medida socioeducativa deve ser dada proteção integral de seus direitos" (BRASIL, 2013, s/p). Quando o SINASE explicita tais princípios, fica evidente que esses sujeitos que são acolhidos pelo sistema socioeducativo são aqueles jovens que são marginalizados pelo histórico processo de desigualdade social no Brasil. O papel de protagonismo para a socioeducação é o atendimento dos direitos que de alguma forma foram negligenciados aos jovens em conflito com a lei. Não se trata apenas da educação, mas de todos os direitos de cidadania, que o SINASE expõe de forma muito sucinta com relação ao trabalho cotidiano das instituições socioeducativas.

É fato notório que esses jovens são oriundos, e em sua grande maioria negros, das comunidades periféricas dos grandes centros urbanos brasileiros. Também é sabido que essas comunidades se formaram devido ao abandono estatal ao povo negro brasileiro, pois essas comunidades são esquecidas pelas políticas de desenvolvimento urbano, tendo como presença estatal efetiva a opressão das forças de segurança. Diante disso, não há como escapar da lógica racista na formação de nossa estrutura social[24]. O racismo é o fator estruturante[25]

---

[24] Conforme nos aponta Abdias do Nascimento em seu livro *O genocídio do negro brasileiro*, estes "[...] vivem nas favelas poque não possuem meios para alugar ou comprar residência nas áreas habitáveis, por sua vez a falta de dinheiro resulta da discriminação no emprego. Se a causa de emprego é por causa de carência de preparo técnico e instrução adequada, a falta desta aptidão se deve à ausência de recuso financeiro. Nesta teia, o afro-brasileiro se vê tolhido de todos os lados, prisioneiro de um círculo vicioso de discriminação – no emprego, na escola – e trancadas as oportunidades que lhe permitiriam melhorar suas condições de vida, de moradia, inclusive" (NASCIMENTO, 2016, p. 101).

[25] "[...] o racismo é uma decorrência da própria estrutural, ou seja, de modo 'normal' com que constituem as relações políticas, econômicas, jurídicas e até familiares, não sendo uma patologia social e nem um desarranjo institucional. O racismo é estrutural" (ALMEIDA, 2019, p. 50).

da organização das classes sociais brasileiras. Os jovens em conflito com a lei são produtos dessa lógica social racista. Esse processo de abandono e perseguição estatal do povo negro brasileiro é normativo desde os tempos coloniais. Segundo Juliana Borges, nosso país

> [...] foi construído tendo na instrução da escravização de populações sequestradas da continente africano um de seus pilares mais importantes. [...] sendo assim, as dinâmicas de relações sociais são totalmente atravessadas por essa hierarquização racial (BORGES, 2019, p. 53).

No fenômeno do processo socioeducativo, a questão racial é a definidora na formação da consciência de si nos internos: "A raça é ao mesmo tempo ideologia e tecnologia de governo" (MBEMBE, 2018a, p. 75). Os socioeducandos são frutos de séculos da exploração da escravização, violência e abandono estatal, e do racismo em suas diversas facetas. O professor Gustavo Forde destaca que o "racismo porta dupla violência simbólica e material" (FORDE, 2018, p. 60). Por esse fato é fundamental a busca de um aprofundamento no entendimento da identidade do jovem negro em processo socioeducativo. Esse processo de busca carrega em si um convívio conflituoso e violento com os agentes da socioeducação[26], causado pela baixa ou ausência de escolarização dos jovens em conflito com a lei. Soma-se também as agruras do senso comum racista que é enraizado nas teses colonizadas de nossa sociedade, que são replicadas de diversas formas durante o processo socioeducacional.

Ao mesmo tempo que o Estado no Brasil promove políticas na busca de um tardio atendimento dos direitos de cidadão dos jovens em conflito com a lei, esse Estado de maneira contraditória

> [...] é o que formula, corrobora e aplica um discurso de políticas de que negros são indivíduos pelos quais deve se nutrir medo e, portanto, sujeitos à repressão.

---

[26] Deve-se entender neste ponto não apenas os agentes de segurança ou repressão, mas todos os profissionais envolvidos no cotidiano do processo socioeducativo. É fundamental que o processo de escolarização dos socioeducandos forneça aprendizagens inclusivas e que valorize as culturas africanas e afro-brasileiras com naturalidade. É necessária uma postura que afaste um tratamento exótico às culturas não europeias.

> A sociedade, imbuída de medo por esse discurso e pano de fundo ideológico, corrobora e incentiva a violência, a tortura, as prisões e o genocídio. Se, por um lado, para a instituição do colonialismo foi utilizada uma filosofia religiosa para a superexploração de corpos negros, por outro, é o estereótipo formulado no período pós-abolicionista que seguirá perpetuando uma lógica de exclusão e consequente extermínio da população negra brasileira (BORGES, 2019, p. 57).

O jovem negro marginalizado que adentra o sistema socioeducativo segue essa lógica racista opressora, e acaba assim passando naturalmente[27] para o sistema prisional ao atingir a maioridade, seguindo a maquinaria racista do mundo ocidental eurocêntrico. Essa maquinaria racista causa em nossos dias o fenômeno do "genocídio do jovem negro", segundo Rosa, "os jovens envolvidos por atos infracionais são os mais vulneráveis à violência e muitos não chegam à idade adulta" (ROSA, 2007, p. 58).

Buscando superar a forma estruturante do racismo dentro do espaço escolar no processo socioeducativo, o ensino de Filosofia pode possuir uma atitude antirracista, buscando romper o discurso universalista das epistemes clássicas ocidentais que, conforme Forde,

> [...] se ocuparam não apenas de proclamar uma superioridade diante dos africanos negros, mas também em desumanizá-los, impondo-lhes uma imagem selvagem, reservando ao ocidental branco a condição político-epistêmica de representar uma normatividade reguladora da humanidade (FORDE, 2018, p. 59).

A postura crítica de uma educação antirracista deve interagir com as condições de desenvolvimento pedagógico de forma integral no combate ao racismo antinegro[28]. Combater o racismo que estrutura nossas instituições e indivíduos é necessário, pois este encontra lugar

---

[27] Essa naturalidade é pressuposta devido à forma determinista que o racismo estrutural inculca nas subjetividades suas teses seculares sobre os sujeitos negros no Brasil, deixando uma de que os negros são naturalmente levados ao cárcere.

[28] "[...] a práxis antirracista na educação com ênfase na identidade negra articula-se à luta pela inclusão qualificada do negro na sociedade, pois, historicamente, significados como deficiência e desigualdade têm sido atribuídos ao ser negro" (FORDE, 2018, p. 147).

seguro em discursos colonizados que fundamentam o pensamento hegemônico de apenas ser possível filosofar dialogando com ideias das metrópoles europeias. Nesse combate ao racismo, o papel da

> [...] obrigatoriedade de estudo da história e cultura afro-brasileira e africana nas escolas públicas e particulares da educação básica não teriam se transformando em realidade, ajudando a todos nós, brasileiras e brasileiros, de todo e qualquer grupo étnico-racial, a superar a nossa ignorância sobre o racismo e seus efeitos nefastos, como também a reconhecer o protagonismo de negras e dos negros, que representam 53% da população que vive e constrói o nosso país (GOMES, 2017, p. 19).

A educação antirracista é ferramenta para a construção de um novo *ethos* nos ambientes socioeducativos, visando à promoção da humanização dos internos e demais sujeitos envolvidos com a socioeducação. Conforme Pontes,

> [...] é preciso que o ensino de filosofia perceba a importância de estreitar os diálogos com a educação antirracista. Nesse sentido, a razão, fonte suprema no pensamento filosófico, precisa redesenhar-se dentro de um modelo de razão antirracista, conduzindo seu interlocutor a eliminar ações de cunho racial, operando de forma justa e crítica (PONTES, 2017, p. 44).

Deve-se então ocorrer uma promoção estatal para promover uma escolarização que tenha o caráter respeitoso às relações étnico-raciais e suas tecnologias educativas de inclusão. A Educação das Relações Étnico-Raciais[29] foi um avanço nas políticas públicas da educação, fruto da conquista da Lei 10.639/03. Débora Araújo indica-nos que

> [...] as alterações na LDB relacionadas à Educação das Relações Étnicos-Raciais representam um significativo avanço na educação brasileira no tocante à luta antirracista, talvez em função do contexto atual (tantos anos passados após a aprovação da Lei

---

[29] Utilizarei a grafia de "Educação das Relações Étnico-Raciais" igualmente a Débora Cristina de Araújo para delimitar a importância desta.

10.639/2003 e o seu ritmo de implementação ainda aquém do almejado), é inevitável, e ao mesmo tempo necessário, produzir algumas reflexões que se unem a esse grupo de críticas (ARAÚJO, 2015, p. 134).

Com efeito, as pesquisas e materiais didáticos, além dos currículos de curso nas licenciaturas devem ser implementados, promovendo um movimento de inclusão das culturas africanas e afro-brasileiras nos conteúdos programáticos da escolarização nacional, trazendo pra o ambiente escolar uma cosmovisão plural de nossa cultura. A Educação das Relações Étnicos-Raciais promoverá no ambiente socioeducativo uma integração maior tanto para educandos, quanto para todos os agentes estatais envolvidos no processo, rompendo dessa forma ideias racistas oriundas das estruturas do senso comum de nossa sociedade. Dessa maneira, conforme aponta Katiúscia Ribeiro Pontes, "A educação étnico-racial é inscrita como um dos grandes diferenciais para a desconstrução do olhar distorcido pelo racismo ao longo da história, realimentando o preconceito ao longo das décadas" (PONTES, 2017, p. 30).

Por conta de nossa estrutura social racista, os centros de encarceramento ou de socioeducação desumanizam seus internos, "[...] o racismo antinegro é a desumanização radical que se transforma em zoomorfização sistemática" (NOGUERA, 2014, p. 25). Grande parte dos internos adentram essas unidades sem nenhum direito garantido anteriormente, e em alguns casos a vida dentro dos ambientes de privação de liberdade se assemelha à condição dada aos animais enclausurados por uma suposta natureza violenta. Quando Noguera exemplifica uma "zoomorfização sistemática" dos sujeitos negros, nosso filósofo e professor expõe o traço mais cruel do racismo, a desumanização desses seres humanos.

A educação antirracista dentro desses ambientes, que carregam em todos seus agentes os mais variados traços de racismo, terá como protagonismo a humanização de seus internos, quiçá, de todos os agentes socioeducativos, professores e professoras do corpo docente e técnicos socioeducativos. Segundo Pontes,

> A escola integra os agentes de manutenção racial, cabe a ela repensar suas práticas e reconhecer que, como território do conhecimento necessita dialogar com as diferenças, bem como possibilitar aos estudantes negros reconhecer-se como atores sociais, protagonistas sociais, sustentando sua vida e história em todas as esferas representativas da sociedade. Ressignificar os componentes curriculares apresentados nos livros didáticos, percebidos aqui como fonte de embasamento teórico, deve ser tarefa fundamental a ser desenvolvida em caráter de emergência, visto que esses são potencializadores na formação do preconceito do racismo (PONTES, 2017, p. 33).

Sim, é fundamental que a atitude antirracista esteja sempre presente em todo processo socioeducativo, principalmente nos espaços pedagógicos, pois o racismo possui, conforme Forde, uma plasticidade que o faz ser dinâmico e "frequentemente, camaleônico, transmutando-se e disfarçando-se com novas e velhas roupagens teóricas e práticas" (FORDE, 2018, p. 75).

Então, acredito que uma educação antirracista, juntamente com um ensino de Filosofia antirracista e pluralista, podem ser ferramentas para o rompimento da lógica do ciclo de reinternação em massa dos socioeducandos. Uma educação antirracista é uma educação humanizadora, sendo, dessa forma, uma educação em conformidade ao que se encontra descrito em uma das diretrizes no Plano Nacional de Atendimento Socioeducativo: "Humanizar as Unidades de Internação, garantindo a incolumidade, integridade física e mental e segurança do/a adolescente e dos profissionais que trabalham no interior das unidades socioeducativas" (BRASIL, 2013, s/p). É digno de nota que a humanização deve ocorrer para todos os sujeitos envolvidos no processo socioeducativo, não somente para os socioeducandos.

1.3 A SOCIOEDUCAÇÃO E A LEI 10.639 de 2003

> *[...] de onde viemos? E aonde estamos indo? Estas são as questões do momento, que exigem de nós uma resposta clara e resoluta, inequívoca, se quisermos ousadamente marchar para maiores e mais brilhantes vitórias.*
>
> (Thomas Sankara)

Devido ao, já citado, fenômeno presente nos centros socioeducativos da internação de, em sua grande maioria, jovens negros oriundos das comunidades periféricas dos grandes centros urbanos brasileiros, a temática da cultura negra é de fato um objeto de engajamento para o ensino de Filosofia nesses ambientes. Assim, faz-se de suma importância nos aprofundarmos na relação entre a socioeducação e a Lei 10.639/03, que torna obrigatório o ensino das culturas africana, afro-brasileira. Desta feita, a Lei 10.639/03

> [...] torna-se a ferramenta primordial na reconstrução imagética do continente africano, integrando o diálogo antirracista, inexistente nos espaços escolares, tornando os alunos menos refratários a diversidade étnico-racial, construindo na criança negra a referência positiva frente a sua história. Contrariando a história convencional, apresenta nas escolas a história dos povos negros, a qual não se inicia na escravidão, mas sim muito antes dos africanos serem submetidos à condição de escravizados (PONTES, 2017, p. 22).

Esse engajamento é herança das lutas do Movimento Negro Brasileiro no que se diz a respeito à educação antirracista e das Relações Étnico-Raciais (ARAÚJO, 2015, p. 132). Nilma Lino Gomes explicita a função do Movimento Negro, que segundo nossa autora,

> [...] trouxe as discussões sobre racismo, discriminação racial, gênero, juventude, ações afirmativas, desigualdade racial, crítica a democracia racial, gênero, juventude, ações afirmativas, igualdade racial, africanidades, saúde da população negra, educação das relações étnico-raciais, intolerância religiosa contra as religiões afro-brasileiras, violência, questões quilombolas e antirracismo para o cerne das discussões

teóricas e epistemológicas das Ciências Humanas, Sociais, Jurídicas e da Saúde, indagando, inclusive as produções das teorias raciais do século XIX disseminadas na teoria e no imaginário social e pedagógico (GOMES, 2017, p. 17).

Então, trataremos dos avanços alcançados pelas Leis: 10.639/03, e posteriormente revisada, a Lei 11.645/08, que inclui a obrigatoriedade do ensino da cultura indígena brasileira no currículo[30]. Segundo Débora Araújo, "tal alteração também representou a luta por reconhecimento da população indígena na história e na educação brasileira" (ARAÚJO, 2015, p. 141). Ambas as leis dão conta da necessidade e reconhecimento do ensino das culturas africana, afro-brasileira e indígena. No caso das duas primeiras culturas, esse ensino só se tornou lei após décadas de lutas do Movimento Negro Brasileiro (FORDE, 2018, p. 32), no terceiro caso, conforme também salientado por Débora Araújo (2015), há um problema conceitual na Lei 11. 645/08 que não reconhece a imensa diversidade desses povos em especial reificando essas culturas. Segundo nossa pesquisadora,

> A reificação localiza-se na denominação de povos indígenas e população afro-brasileira como "dois grupos étnicos", desconsiderando as centenas de etnias indígenas e os grupos/ nações/ etnias africanas que compuseram a população negra no Brasil. De certa maneira, esse grave problema conceitual na lei 11.645/2008 demonstra que sua elaboração e aprovação não estiveram circundadas das mesmas características história [sic] que a Lei 10.639/2003, em que os movimentos sociais envolvidos participaram ativamente de sua construção (ARAÚJO, 2015, p. 141).

---

[30] "Dialogando com essa mudança de conteúdo e em busca de subsídios para ela, a Lei 10.639/03 propõe novas [sic] diretrizes curriculares para o estudo da história e cultura afrobrasileira e africana. No ano seguinte a sua aprovação a lei passa a ser subsidiada pelas Diretrizes Curriculares Nacionais para Educação das Relações Étnico-Raciais, Ensino de História e Cultura Afro-Brasileira e Africana. Em 2006 foram instituídas Orientações para Educação das Relações Étnico-Racial. Dois anos depois, um dispositivo complementar foi responsável pela regulamentação da alteração iniciada em 2003, o Plano Nacional de Implementação das Diretrizes Curriculares Nacionais para Educação das Relações Étnico Raciais, Ensino de História e Cultura Afro-Brasileira e Africana (2008). Nesse mesmo ano, foi lavrada a Lei 11.645/08 que incluiu a obrigatoriedade de conhecimentos indígenas" (PONTES, 2017, p. 23).

Suleando-me conforme nos orienta Nilma Lino Gomes, o Movimento Negro Brasileiro não se trata de um movimento social organizado com a função de romantizar as relações dos negros brasileiros com sua ancestralidade africana. Trata-se, na verdade, de um movimento que busca a compreensão da complexa história da diáspora africana em nosso país. Diante desse objetivo, Gomes evidencia que o Movimento Negro milita e se engaja no campo da educação. Conforme ela,

> A educação é o campo escolhido para as reflexões aqui realizadas devido ao fato de ser um direito social, arduamente conquistado pelos grupos não hegemônicos do Brasil e que durante muito tempo foi sistematicamente negado aos negros e às negras brasileiros (GOMES, 2017, p. 24).

O Movimento Negro Brasileiro entende que a educação não se trata somente de escolarização dos cidadãos negros. Forde demonstra-nos que outros ambientes de convívio social, o que ele denomina como "espaços-tempos", são parte fundamental na humanização e educação desses sujeitos. "Nessa rede, os valores transmitidos na educação escolar se diferenciam dos demais espaços-tempos, por uma universalização e legitimidade social" (FORDE, 2018, p. 146).

Com esse objetivo, o Movimento Negro Brasileiro manteve sempre o foco na formação dos sujeitos visando à superação das estruturas racistas das instituições de ensino. O pensamento afrocentrado e afroperspectivista passa ser o fundamento filosófico e epistêmico das ações do grupo, sempre visando superar os limites que as tradições eurocêntricas instituem à educação do povo brasileiro. Acompanhando o que é apontado por Forde, entendo que

> [...] o movimento negro visa promover um processo de descolonização do ser por meio da descolonização do saber escolar. Uma das justificativas para isso estaria no fato de que "nós negros no Brasil, para começarmos a crescer, há necessidade que sejamos valorizados e que conheçamos a nossa história e que

as pessoas também a conheçam. E nisso a educação é fundamental" (FORDE, 2018, p. 150).

Apropriando-me da afirmação de que a educação seja fundamental como ferramenta de transformação dos sujeitos negros que não se identificam culturalmente em uma sociedade estruturada institucionalmente no racismo, salientamos que somente com a práxis antirracista no ensino de Filosofia conseguiremos contemplar o direito do socioeducando de ter como protagonismo a superação das dificuldades impostas a estes pelo racismo estrutural.

Conforme exposto, o Movimento Negro agiu e militou durante décadas com o objetivo de uma educação que levasse em conta não somente os saberes e conhecimentos eurocêntricos, mas que fosse, de fato, uma educação multicultural pluralista. A Lei 11.645/08 tem como objetivo incluir e reconhecer os saberes oriundos de nossa ancestralidade africana e dos povos pindorâmicos, mas devemos nos atentar às dificuldades já encontradas na própria redação das leis. Estas encontram em sua estrutura de redação problemas conceituais que nos levam neste momento a reconhecer somente a Lei 10.639/2003 como pressuposto legal para esta pesquisa. Não se trata de uma escolha pessoal de preferência, mas sim do reconhecimento da má redação[31] da Lei 11.645/2008 no tocante à falta de explicitar a imensa diversidade cultural dos nossos povos nativos em suas manifestações e civilizações espalhadas em nosso território.

---

[31] A Lei 11.645/2008 foi somente uma revisão proposta cinco anos após a promulgação da Lei 10.639/2003 proposta pela então Deputada Federal Mariângela Duarte do Partido dos Trabalhadores do estado de São Paulo. Não houve um engajamento dos movimentos sociais indígenas neste processo, deixando por conta disso "[...] tensões nas políticas públicas rumo a correções e modificações demandadas por interpretações equivocadas da noção de diversidade étnico-racial brasileira" (ARAÚJO, 2015, p. 141).

1.4 O RACISMO EPISTÊMICO CONTRA A CULTURA BRASILEIRA

> *[...] o racismo incha e desfigura o rosto da cultura que o pratica. A literatura, as artes plásticas, as canções para as costureirinhas, os provérbios, os hábitos, os padrões, quer se proponham a atacá-lo ou a banaliza-lo, restituem o racismo. Isto significa que um grupo social, um país, uma civilização, não podem ser racistas.*
>
> *(Frantz Fanon)*

O racismo é o grande entrave cultural na consolidação de uma necessária educação com valores plurais ou multiculturais para a população brasileira. Neste tópico, trataremos das questões do racismo epistêmico[32] e seus desdobramentos sobre a cultura brasileira e por consequência na educação, sempre com atenção ao recorte desta pesquisa que são aspectos escolares da socioeducação. Para isso, passaremos sobre algumas relevantes questões históricas relativas ao processo do colonialismo mercantilista e as diversas variantes racistas emergidas deste. Durante este ponto do texto, terei como foco especial o racismo epistêmico, mas serão elencados outros tipos de racismos.

Como sabemos, o Brasil é um país que emergiu do processo colonial mercantilista lusitano, de exploração de suas colônias ultramarinas. Processo econômico este que destruía as culturas e povos nativos visando sempre à exploração máxima das riquezas e trabalho, obtendo imenso lucro na exploração da natureza e na comercialização das mercadorias vindas de outras nações, sendo a escravização dos povos africanos um comércio de extrema lucratividade e violência[33]. Segundo Katiúscia Ribeiro Pontes,

> A supremacia política, cultural, religiosa, tecnológica eurocêntrica dos últimos 500 anos levou os povos

---

[32] Para Pontes (2017, p. 67), o racismo epistêmico "reservou para os africanos uma situação de falta de liberdade, opressão racial, descartando-os como autores ou protagonistas em seu próprio mundo. A filosofia é eurocêntrica e suas produções são atravessadas por esse estigma, sendo assim, o processo colonizador é a sua grande arma para se manter nessa posição hegemônica".

[33] "Na perspectiva da razão mercantilista, o escravo é simultaneamente um objeto, um corpo e uma mercadoria. Enquanto corpo-objeto ou objeto corpo, possui uma forma. É também uma substância, que gera seu valor, deriva de sua energia física" (MBEMBE, 2018a, p. 145).

> dos seis continentes do mundo a interiorizarem a figura da Europa como aquela que precede a origem das civilizações. Pois bem, a consequência dessa percepção é que os povos desses continentes se tornam invisíveis e se tratando dos povos marginalizados pela colonização – os povos Africanos – essa invisibilidade ganha uma proporção muito maior, pois vem tangenciada pelo racismo. A proposta da Afrocentricidade trata justamente de "centrar" os povos africanos e reorientá-los na história, possibilitando encontrar sua localização e a partir dessa localização construir sua própria "agência", para que os africanos possam desenvolver uma identidade positiva e assumir o controle de suas vidas (PONTES, 2017, p. 66).

Visando à manutenção desse processo colonial, foram necessárias teses e teorias pseudocientíficas para justificar a hierarquização das múltiplas culturas e povos mundo afora, culminando desse processo a desumanização dos sujeitos não europeus, sendo os povos negros de África e Oceania, os posicionados no grau mais baixo dessa hierarquia[34]. O mundo ocidental necessitava de fundamentos jurídicos, científicos e filosóficos, para que cada vez mais desenvolvesse sua máquina mercantilista colonial de exploração, tornando-a mais eficaz na produção de vultuosos lucros e dividendos (FANON, 2019, p. 75). A criação do conceito de raça e, por consequência, do racismo, surge como uma grande ferramenta desumanizadora dos povos escravizados pelos europeus, transformando-os também em mercadorias.

Segundo o filósofo camaronês Achille Mbembe, para o

> [...] sistema mercantilista, o negro é, portanto, corpo-objeto e essa mercadoria que passa de uma forma a outra e, quando chega à fase terminal, atingida a exaustão, sofre uma desvalorização universal. A morte do escravo assinala o fim do objeto e sua saída do estatuto de mercadoria (MBEMBE, 2018a, p. 146).

---

[34] Um exemplo é dado pelo professor Gustavo Henrique Araújo Forde, quando salienta que a analogia dos negros ao termo "macaco" é oriunda das doutrinas raciais de Carl Von Lineu "no qual o ser humano foi classificado em duas espécies: *Homo sapiens* e o *Homo sylvestris* (referente aos macacos antropoides). A espécie *Homo sapiens* se subdividiria em Homo *europaeus*, Homo *asiaticus*, Homo *ferus* e *Homo monstruosus;* sendo as duas últimas correspondentes, respectivamente, ao homem selvagem e ao homem anormal, e as demais, correspondentes aos continentes geográficos" (FORDE, 2018, p. 52).

Com efeito, o processo mercantilista colonial que culminou no sistema capitalista das sociedades ocidentais, disseminou em todas as colônias a ideia de que quaisquer traços de humanidade não oriundos do chamado "Velho Mundo"[35] deveriam ser exterminados das culturas nativas ou sequestradas pela lógica do capital apropriando-se dos conhecimentos milenares desses povos.

O conceito de raça conforme difundido pelos séculos de colonialismo é proveniente da prática de classificação das plantas e animais na aurora das ciências biológicas, inicialmente. Reconheço e aponto para o fato de que a prática de classificação das coisas do mundo ocidental se inicia de fato com a filosofia aristotélica e sua sistematização hierárquica do conhecimento em categorias[36]. A partir do século 16, o conceito de raça então passou também a distinguir as especificidades e singularidades dos seres humanos. Com a humanidade organizada de forma hierarquizada pela ciência ocidental (ALMEIDA, 2019, p. 24), o racismo, então, tornou-se a estrutura que ordenaria a partir desse momento todas as relações do capital nas colônias europeias. Desta feita, o capitalismo foi fundamentado graças à ideologia pseudocientífica derivada do racismo científico. Assim,

> [...] o racismo é uma decorrência da própria estrutura social, ou seja, do modo "normal" com que se constituem as relações políticas, econômicas, jurídicas e até familiares, não sendo uma patologia social e nem desarranjo institucional. [...] o racismo é parte de um processo social que ocorre "pelas costas dos indivíduos e lhes parece legado pela tradição (ALMEIDA, 2019, p. 50).

---

[35] A ideia de mundo, velho ou novo, só evidencia o processo de anulação de "outros mundos" possíveis. A cultura ocidental cartograficamente sempre mantém a Europa no "centro do mundo", e nomeia outras terras como novos mundos conquistados e colonizados, desconsiderando os povos e culturas ocupantes desses espaços geográficos.

[36] Conforme Reale e Antisieri, as categorias de Aristóteles são "do ponto de vista metafísico, as categorias representam os significados fundamentais do ser, do ponto de vista lógico elas devem ser (consequentemente) os 'gêneros supremos' aos quais deve ser reportável qualquer termo da formulação proposta [...] O termo 'categoria' foi traduzido por Boécio como 'predicamento', mas a tradução só expressa parcialmente o sentido do termo grego e, não sendo inteiramente adequada, dá origem a numerosas dificuldades, em grande parte elimináveis quando se mantém o original" (REALE, 2014, p. 212).

Silvio Almeida enfatiza que o racismo é na realidade um projeto consciente da modernidade[37], possuindo uma característica estruturante das instituições e políticas coloniais, e que ainda se perpetuando em nossa contemporaneidade (ALMEIDA, 2019, p. 51), sendo o racismo epistêmico uma sofisticação da prática racista no que diz respeito aos saberes dos povos não brancos. Segundo nosso jurista, a ideia de raça

> [...] não é uma fantasmagoria, um delírio ou uma criação da cabeça de pessoas mal-intencionadas. É uma relação social, o que significa dizer que a raça se manifesta em atos concretos ocorridos no interior de uma estrutura social marcada por conflitos e antagonismos (ALMEIDA, 2019, p. 52).

Ficou evidente que o processo de invasão, exploração e colonização imposto pelas nações europeias apresentou-se de maneira mais agressiva e violenta com as nações nativas americanas, africanas e com os povos nativos por último do Novíssimo Mundo, em comparação com algumas nações asiáticas. Mas, de fato, todas as nações invadidas e colonizadas sofreram pelo cruel avanço mercantilista do projeto de modernidade europeu, que possuía como princípio estatutário o estabelecimento de políticas sustentadas pelas teorias racialistas das emergentes ciências naturais e pseudociências, que culminam no que entendemos em nossa atualidade como racismo[38].

Seguindo a lógica dos valores civilizatórios universalizantes do mercantilismo colonial, impostos pelos mercadores burgueses, os saberes não europeus foram exterminados de forma sistemática pelo processo colonial. Esse processo é denominado como epistemicídio[39].

---

[37] Para Achille Mbembe, a "modernidade é, na realidade, outro nome para o projeto europeu de expansão ilimitada que foi implementado durante os últimos anos do século XVII" (MBEMBE, 2018a, p. 105).

[38] Kwame Anthony Appiah aponta esta distinção entre racialismo e racismo. Segundo ele, o racialismo é "[...] um pressuposto de outras doutrinas que foram chamadas de 'racismo'; e essas outras doutrinas têm sido, nos últimos séculos, a base de um bocado de sofrimento humano e a fonte de inúmeros erros morais" (APPIAH, 1997, p. 33).

[39] Tese que explica a prática do extermínio dos saberes não europeus nas mais diversas formas e mecanismos, há o epistemicídio causado pelo genocídio de um povo, como também pelo silenciamento e apropriação colonial de um saber nativo. Para Noguera, "[...] a colonização implicou na desconstrução da estrutura social, reduzindo os saberes dos povos colonizados à categoria de crenças ou pseudossaberes sempre lidos a partir da perspectiva eurocêntrica" (NOGUERA, 2014, p. 27).

Para Noguera, "o racismo é um elemento decisivo para o entendimento do epistemicídio e seus efeitos [...] o racismo antinegro está atrelado à recusa da filosofia africana" (NOGUERA, 2014, p. 23). Com efeito, a ação epistemicida colonial causou diversos danos, irreparáveis, aos saberes ancestrais dos povos africanos para seus descendentes na diáspora negra nas colônias americanas e nas metrópoles europeias, e por isso é fundamental a preservação e compreensão de que esses saberes são tão importantes quanto à epistemologia moderna, filha das clássicas teses helênicas.

1.5 O RACISMO ESPITÊMICO: QUESTÕES LÓGICAS E HISTÓRICAS

Era fundamental para o sucesso da lógica colonial que os saberes dos povos colonizados fossem subjugados em detrimento do conhecimento científico-filosófico ocidental. Para Pontes,

> O discurso filosófico ocidental mascara a lógica de dominação colonial eurocêntrica, resguardando ao eurocentrismo o poder de neutralizar outras epistemologias, tornando-se o único protagonista desse saber. Esse poder mencionado torna o conhecimento filosófico hegemônico creditando às filosofias ocidentais o centro do pensamento e referência epistêmica (PONTES, 2017, p. 48).

Renato Noguera traz ao debate o fato de que o

> [...] racismo epistêmico remete a um conjunto de dispositivos, práticas e estratégias que recusam a validade das justificativas feitas a partir de referências filosóficos, históricos científicos e culturais que não sejam ocidentais [...] o projeto epistemológico moderno estabeleceu critérios para distinguir o que é conhecimento válido do que não é conhecimento. Com isso, o conhecimento gestado dentro de um desenho geopolítico ocidental é privilegiado em relação aos outros (NOGUERA, 2014, p. 27).

Nosso autor deixa claro que o racismo epistêmico, sendo fruto de um projeto geopolítico de dominação dos povos colonizados, também foi hierarquizante, nesse caso escalonando os saberes a partir do prisma das epistemes ocidentais[40]. Dessa maneira, para Noguera, "o que está em jogo aqui é uma briga contra a colonização do pensamento" (NOGUERA, 2014, p. 32).

O filósofo sul-africano Mogobe Ramose reconhece a raiz etimológica da palavra helênica "filosofia", mas não limita a compreensão clássica do sentido de filosofar somente após o advento grego. Para Ramose, a prática filosófica é uma capacidade humana, estando presente onde estiver um ser humano, lá estará a filosofia (RAMOSE, 2011, p. 8). A filosofia existe desde a primeira caminhada humana pelo nosso planeta na busca do conhecimento da realidade, não sendo, dessa maneira, fruto de uma única cultura específica, apesar de Pitágoras ter cunhado a palavra que define essa caminhada na busca do conhecimento. Ramose admite que a ação dos colonizadores europeus

> [...] durante as injustas guerras de colonização se arrogaram a autoridade de definir filosofia. Eles fizeram isso cometendo epistemicídio, ou seja, o assassinato das maneiras de conhecer e agir dos povos conquistados. O epistemicídio não nivelou e nem eliminou totalmente as maneiras de conhecer e agir dos povos africanos conquistados, mas introduziu, entretanto, - e numa dimensão muito sustentada através de meios ilícitos e "justos" – a tensão subsequente na relação entre filosofias africana e ocidental na África (RAMOSE, 2011, p. 9).

Segundo Katiúscia Ribeiro Pontes, a confluência entre as filosofias de Mogobe Ramose e Renato Noguera (2014) se estabelecem

> [...] em conjunto na análise eurocêntrica, solapam as pretensões propositais do Ocidente de se outorgarem

---

[40] "Ambos estão de acordo que é a partir do epistemicídio que se concretiza a invisibilidade dos conhecimentos africanos, pois a concretização desse conceito só é possível a partir do racismo construído nas diferentes rotas coloniais. O ponto de convergência desses autores está em reconhecer, no processo de colonização, a arma letal que neutraliza a humanidade dos povos africanos. Para ambos, é na colonização que os seres africanos passam a não existirem como sujeitos humanos e históricos, caracterizando sua invisibilidade e morte epistêmica" (PONTES, 2017, p. 47).

> o centro referencial e modelo de excelência da humanidade, caracterizando como inferiores aqueles que se encontram fora de suas referências previamente construídas. A sustentação desse discurso só foi possível a partir da fundamentalização do racismo presente no período colonial, passando a ser o elemento nutritivo de todo e qualquer poder hegemônico conquistado nesse período. (PONTES, 2017, p. 49).

Para Muniz Sodré, "o racismo é, historicamente, um modo de organizar povos dominados" (SODRÉ, 2012, p. 50). Esse projeto colonial de domínio do mundo, que gerou os imensos impérios ultramarinos que pulverizam pelo globo terrestre a prática da destruição dos saberes nativos (MALDONADO-TORRES, 2010, p. 362). Há uma ligação direta entre a filosofia oriunda do milagre helênico, a prática colonial mercantilista e o racismo antinegro. Alinho-me, então, ao que Noguera propõe como uma convergência

> [...] para o ponto de vista que identifica a presença da discriminação racial desde a Antiguidade clássica. Sem dúvida, com o projeto europeu de colonização da África e da América, essa discriminação assumiu novas proporções. O que entre os gregos era uma diferenciação entre os nascidos em território heleno com direito à cidadania e os estrangeiros (bárbaros) assumiu novos contornos. Com efeito [...] entendemos que o agravamento desse embate se deu com o advento das guerras de colonização para civilizar os "incivilizados" na modernidade (NOGUERA, 2014, p. 24).

O epistemicídio nascido então da prática racista oriunda dos ideários eurocêntricos, tem como intenção a implementação nas culturas exterminadas, uma ontologia humanista universalizante, criada pela ideia de "homem" que encontra suas raízes na filosofia helênica milenar, sendo a causa de aniquilação de povos e ontologias possíveis (MALDONADO-TORRES, 2009, p. 361).

> O racismo epistêmico descura a capacidade epistêmica de certos grupos de pessoas. Pode basear-se na metafísica ou na ontologia, mas os resultados

acabam por ser os mesmos: evitar reconhecer os outros como seres inteiramente humanos (MALDONADO-TORRES, 2010, p. 345).

Maldonado-Torres define que a raiz do racismo epistêmico se dá pela negação de humanidade dos sujeitos que não se enquadram no padrão eurocêntrico proposto pela filosofia[41]. Dessa maneira, o racismo epistêmico torna-se o método que os colonizadores implementam para seu domínio geopolítico. Durante todo esse processo de dominação cultural e devastação epistêmica, a filosofia ocidental também ocupa papel de protagonismo. "O conhecimento é um elemento-chave na disputa e na manutenção da hegemonia política e econômica das colônias ultramarinas" (NOGUERA, 2014, p. 23).

Frantz Fanon expõe de maneira clara e incisiva, a intrínseca relação existente entre o racismo e a cultura colonial eurocentrada quando nos diz que:

> Numa cultura racista, o racismo é, portanto, normal. A harmonia entre as relações econômicas e ideológicas encontra nela a perfeição. Certamente que a ideia que fazemos do homem nunca está totalmente dependente das relações que existem histórica e geograficamente entre os homens e os grupos (FANON, 2019, p. 75).

Segundo o que nosso pensador da Martinica traz à tona, a estrutura cultural racista é compreendida como a normativa das ações culturais no ocidente, e como um dos resultados, muitas situações são compreendidas como "naturais"[42] pelo senso comum de várias sociedades ocidentais. Como consequência desse processo secular de discriminação epistêmica dos povos colonizados, o racismo tornou-se a estrutura de todo o funcionamento das relações capitalistas, destruindo e silenciando inúmeras culturas e com isso saberes.

---

[41] A filosofia canônica possui, bem definida, a imagem que demarca o sujeito humano da metafísica colonial. Conforme Noguera, "[...] a filosofia ocidental seria universal porque trata do Homem. Esse homem é o ocidental, branco, civilizado, adulto, heterossexual, culturalmente cristão; ainda que seja 'ateu', o 'sujeito universal' e porta-voz da filosofia ocidental" (NOGUERA, 2014, p. 23).

[42] Os inúmeros textos filosóficos que tratam da ontologia humana acabam por estabelecer uma compreensão de que são seres humanos apenas aqueles sujeitos que estão inseridos em um imaginário estabelecido pelo projeto racial que mantém a lógica capitalista em funcionamento.

Associando-me às ideias de Maldonado-Torres e Frantz Fanon, a luta contra o racismo epistêmico secular, não será feita apenas uma crítica direta às clássicas sistematizações filosóficas do ocidente feitas por grandes filósofos[43]. Será exposto, então, a partir deste momento as colaborações africanas e afro-diaspóricas para uma atitude filosófica antirracista no processo de ensino de Filosofia para a socioeducação. Para a realização desse objetivo, traremos a proposta de uma filosofia pluriversal afroperspectivista. Acreditando que seja necessário esse movimento filosófico, para uma tentativa de quebra da lógica racista que é fundamentada na ideia de um sujeito universal baseada em uma ontologia classista e racista[44].

---

[43] Como característica da luta contra o racismo epistêmico é comum encontrarmos nos debates inúmeros exemplos de textos filosóficos canônicos embasados em teorias e formulações sustentadas por opiniões racistas, mais comumente entre os filósofos ocidentais da modernidade. Essas teorias encontravam espaço exatamente na classificação dicotômica e hierarquizada dos povos que encontra morada na "[...] profunda ignorância dos filósofos ocidentais, associada ao conforto de não problematizar as bases do seu pensamento, é responsável pela manutenção de uma estrutura eurocêntrica com centro e periferias, zonas urbanizadas de pensamentos filosófico e subúrbios imersos em ignorância filosófica" (NOGUERA, 2014, p. 37).

[44] A filosofia de Martin Heidegger foi para Nelson Maldonado-Torres um exemplo da lógica racista na construção de uma ontologia hierarquizada que posicionava, neste caso, o povo alemão como o novíssimo paradigma de humanidade para o século 20. A nação germânica entrara nas conquistas coloniais com atraso em relações aos Estados Europeus. Diante desse fato, Maldonado-Torres nos fala que "A ideia de que as pessoas não conseguem sobreviver sem as conquistas teóricas ou culturais da Europa é um dos mais importantes princípios da modernidade. Há séculos que esta lógica é aplicada ao mundo colonial. Heidegger retomou esta tradição, mas transformou-a de modo a, através do germanocentrismo, poder fazer ao resto da Europa o que a Europa tinha feito a uma grande parte do globo" (MALDONADO-TORRES, 2010, p. 343).

2

A FILOSOFIA *UBUNTU* E SUAS POSSÍVEIS APROXIMAÇÕES COMO UMA PRÁTICA SOCIOEDUCATIVA

> *[...] evidente que devemos encontrar uma solução africana para os nossos problemas e que isso só pode ser encontrado na unidade africana. Divididos somos fracos; unidos, a África poderia se tornar uma das maiores forças pelo bem no mundo.*
>
> (Kwame Nkrumah)

Ubuntu é o termo filosófico africano mais comumente difundido em território nacional. Por conta disso, há diversas formas de apropriação da palavra, seja pela militância do Movimento Negro, seja pelo uso equivocado de seu sentido em algumas campanhas antirracistas coorporativas e estatais. Talvez seja o termo da tradição filosófica africana mais aproximado ao *mainstream* filosófico e utilizado ao redor do mundo ocidental de forma, algumas vezes, inadequada. Há, por conta dessa divulgação, uma vulgarização comercial da palavra, corrompendo seu sentido semântico ancestral, chegando a dar nome a um sistema operacional livre para computadores, por exemplo. Buscando uma fundamentação mais consistente do verdadeiro sentido de *Ubuntu* e fugindo das interpretações errôneas, o professor Luís Augusto Ferreira Saraiva nos dá uma dimensão mais precisa desse fenômeno sobre a vulgarização do termo, quando aponta que

> [...] podemos analisar em um cenário mais recente no constante uso da palavra *Ubuntu* desassociada do seu verdadeiro sentido, isso, significa uma perda habitual do seu sentido lexical e semântico que está contido na própria ideia de *Ubuntu* (SARAIVA, 2019, p. 94).

Sabendo dessas circunstâncias, percebe-se, então, a real necessidade de uma exposição etimológica mais adequada da palavra *Ubuntu*[45], antes de fato discutirmos os aspectos filosóficos plurais: éticos e existencialistas, que ele carrega em si.

Devido a essa exposição equivocada do sentido filosófico do termo *Ubuntu* em nossa sociedade, instaura-se uma situação *sui generis* para o advento e compreensão das filosofias africanas nas escolas brasileiras: uma indevida apropriação cultural no mundo eurocêntrico ocidental de conceitos filosóficos vindos de África por mecanismos da globalização de mercados capitalistas; e uma promoção de literatura de autoajuda sem aprofundamento filosófico, tratando com exotismo uma temática filosófica ancestral. Essa situação acaba por não reconhecer a real e fática origem filosófica dos povos bantu, criando um ensino filosófico baseado em uma hermenêutica eurocentrada sobre o que significa efetivamente *Ubuntu*, colaborando para a perpetuação desse equívoco etimológico e filosófico. Com efeito, a imagem compreendida comumente em nossa sociedade sobre o *Ubuntu* e seu real sentido filosófico,

> [...] tem sido apresentada com vias de deturpação, ainda, a Filosofia *Ubuntu* tem sido confundida com uma filosofia da harmonia, sinônimo de autoajuda e de auto sucesso empreendedor que sustenta as atuações do mundo corporativista (SARAIVA, 2019, p. 96).

Diante desse horizonte situacional, buscarei discorrer sobre as dimensões éticas e ontológicas do *Ubuntu* sobre o prisma da filosofia elaborada por Mogobe Ramose.

A compreensão sobre o significado do *Ubuntu* "pode ter se tornado o slogan da compaixão ao ponto de suplantar a ideia de humanidade que consiste na palavra" (SARAIVA, 2019, p. 96). Saraiva alerta-nos sobre a atenção que devemos ter sobre a característica plural da filosofia *Ubuntu*, e que essa pluralidade torna conflituosa

---

[45] Originalmente é uma palavra dos povos falantes da língua *bantu*. Aponto para a importância de se alcançar uma compreensão mais precisa do sentido original do termo Ubuntu reconhecendo a multiplicidade étnica do troco Bantu, conforme muito atentamente salienta Luís Augusto Ferreira Saraiva (2019).

suas teses. Desta feita, seguindo pelo proposto pluversalismo filosófico de Mogobe Ramose, podemos identificar o que se define como o caráter ontológico do verbete, *Ubuntu*. Para a proposta ramoseana,

> [...] é melhor abordar este termo como uma palavra com hífen, a saber, *ubu-ntu*. Ubuntu é na verdade duas palavras em uma. Consiste no prefixo *ubu* e a raiz *ntu*. *Ubu-* evoca a ideia geral de ser-sendo. É o ser-sendo encoberto antes de se manifestar na forma concreta ou modo da ex-istência de uma entidade particular. *Ubu-* como ser-sendo encoberto está sempre orientado em direção ao descobrimento, isto é, manifestação concreta, contínua e incessante por meio de formas particulares e modos de ser. Nesse sentido, *ubu-* está sempre orientado em direção a *-ntu* (RAMOSE, 2002, p. 20).

Seguindo por esse entendimento, o prefixo *ubu* trata-se então de um Ser ancestral a quaisquer manifestações da "ex-istência", uma raiz existencial comum ao todo sendo o sufixo *ntu* um "ponto nodal em que o ser-sendo assume a forma concreta ou o modo de ser no processo de descobrimento contínuo pode ser visto como distintamente epistemológico" (RAMOSE, 2002, p. 2).

Noguera, corroborando com a tese ramoseana, acrescenta que "[...] 'ubu' indica tudo que está ao nosso redor, tudo que temos em comum. 'Ntu' significa a parte essencial de tudo o que existe, tudo que está sendo e se transformando" (NOGUERA, 2011, p. 148). Noguera (2011) também nos alerta que a tradução de *ubuntu* como "humanismo"[46], não dimensiona totalmente o significado filosófico do termo. *Ubuntu* diz mais sobre uma existência coletiva com toda a história dos entes naturais, do que somente uma existência coletiva humana no presente de seus entes. Saraiva (2019) exemplifica que para se entender o caráter ontológico da filosofia *Ubuntu*, "é necessário perceber que para que os seres existam na/em comunidade há sempre uma anterioridade lógica, histórica e ontológica" (SARAIVA, 2019, p. 99).

---

[46] Ramose também explicita essa questão quando afirma que "o *ubuntu* é ontologicamente, um -dade e não um -ismo. Enquanto tal, está epistemologicamente orientado em direção à construção de um conhecimento que é, na sua essência, não-dogmático" (RAMOSE, 2010, p. 139).

Defendemos a compreensão da filosofia *Ubuntu* como uma ontologia de "existência interrelacionada"[47], ou seja, uma ontologia que reconhece a necessidade da existência complementar entre os entes humanos e todos os entes naturais, anulando qualquer possibilidade de uma existência afastada de ligação com a totalidade que forma a humanidade.

> Em outros termos, podemos viver de um modo mais solitário, aprendendo mais com os que se foram, dando aos que virão a devida importância e sobretudo, vivendo a vida de um modo compartilhado, recuperando as férteis possibilidades que diversos povos africanos deixaram como legado e continuam reinventando continuamente através dos mais diversos modos de existir, resistir e re-existir (NOGUERA, 2011, p. 149).

A compreensão ramoseana da ontologia da *Ubuntu* é, então, plural, sempre considerando que todos os seres humanos, os que são, foram, ou virão a ser, constituem na verdade a grande comunidade da humanidade, possuindo cada um destes entes importância igual da história coletiva entre os seres humanos[48]. Dessa forma, a ontologia *Ubuntu* vai de em oposição às lógicas racistas e capitalistas ainda funcionais em nossa atualidade, pois não segrega ou exclui seus entes. Podemos então considerar a ontologia *Ubuntu* como fundamento filosófico da proposta pluriversalista de Mogobe Ramose. Segundo o filósofo sul-africano,

> [...] a pluriversalidade é o caráter fundamental do Ser (*be-ing*). Com base nisto, colocamos que a particularidade é um ponto de partida válido e viável para fazer e construir uma filosofia. Assim, a filosofia Africana de fato existe com a competência para fazer reivindicações pluriversais (RAMOSE, 2011, p. 20).

---

[47] "[...] implica em compreender de que modo os processos que a definem se relacionam com os outros processos na cadeia do existir, que é examinada por meio da ideia de *ubuntu*, uma das palavras para denominar a humanidade" (FLOR DO NASCIMENTO, 2016, p. 235).

[48] "[...] o caráter de interdependência da existência, faz com que a humanidade dos humanos não se separe, não possa se separar, os outros elementos que compõem a existência dos outros existentes" (FLOR DO NASCIMENTO, 2016, p. 237).

Assim, o termo *Ubuntu* extrapola um sentido único, ontológico existencial, distanciando-se dessa maneira de um caráter universalizante e segregacionista que os conceitos ocidentais clássicos tentam estabelecer e naturalizar com sua metafísica essencialista. *Ubuntu*, na concepção filosófica de Ramose, possui um caráter plural e libertador das amarras lógicas do pensamento ocidental. Por essa característica podemos praticar uma ética *ubuntu* em nosso cotidiano, pois um de seus primeiros princípios é o que Ramose denomina como "libertação do dogmatismo" (RAMOSE, 2002, p. 4).

2.1. SOCIOEDUCAÇÃO E A ÉTICA *UBUNTU*

Seguindo com nossa reflexão, nos deparamos com os desdobramentos da ontologia *Ubuntu*. Iniciaremos, a partir deste ponto, uma proposta de prática de ensino de Filosofia para a socioeducação seguindo os preceitos éticos da filosofia *Ubuntu*. Considerando o caráter inclusivo do *Ubuntu*, nos associamos ao pensamento de Flor do Nascimento (2012), para o desenvolvimento de uma proposta de ensino baseado no "princípio filosófico e ético do *ubuntu* ganha um caráter de modo de vida para os sujeitos que buscam a liberdade como uma condição ontológica indissociável da prática dos valores humanos éticos" (FLOR DO NASCIMENTO, 2012, p. 328).

A ética *Ubuntu*[49] para o pensamento ramoseano é compreendida como uma "[...] flexibilidade orientada para o equilíbrio e para a harmonia no relacionamento entre os seres humanos, e entre os últimos e o mais abrangente ser-sendo ou natureza" (RAMOSE, 2002, p. 4). Diferente e afastada das propostas éticas ocidentais clássicas, que se apresentam extremamente racionalizadas, compreendidas como somente códigos de conduta como o outro, a assertiva ramoseana sobre a ética *Ubuntu* se faz no sentido de uma ética "como uma maneira de viver, uma possibilidade de existir junto com outras pessoas de forma não egoísta, uma existência comunitária antirracista e policêntrica" (NOGUERA, 2011, p. 147).

---

[49] Saraiva (2019, p. 100) deixa bem delimitada a "[...] percepção ética de *Ubuntu* Ramose reconhece que a existência do ser africano está correlacionada ao posicionamento moral para com o universo".

Em sua práxis ética, a filosofia *Ubuntu* representa um caráter empático com o outro, pois esta, por definição, reconhece-se como existência coletiva em detrimento das ontologias ocidentais.

> Estamos acostumados, no Ocidente, a opor – ou, pelo menos, separar de modo radical – a noção de humanidade às noções de animalidade ou de *coisidade*. Muitas vezes definimos os seres humanos por não serem meramente coisas ou "simplesmente" animais. Nos identificamos e especificamos por movimentos de exclusão: por não sermos coisas como as outras coisas e nem animais como os outros animais, reproduzindo um movimento típico do pensamento ocidental de pensar a determinação como equivalente a múltiplas negações, como assinalou Spinoza (FLOR DO NASCIMENTO, 2016, p. 241).

Afastando-se da lógica de exclusão do pensamento essencialista, a ética *ubuntu* não deve ser compreendida ou reduzida meramente a uma essência.

Saraiva (2019) ensina-nos que existe uma categoria única dentro do *Ubuntu* para os seres humanos, o *Umuntu*[50]. Esta daria a característica ética para o *Ubuntu*, pois esta ocorre apenas no ente humano. Segundo ele,

> [...] a ética *Ubuntu* aparece como um convite para pensar e repensar sobre os conflitos que tangenciam a humanidade, a fim de entender o sofrimento daqueles que compões a comunidade. Sendo o exercício da palavra uma atitude que visa reorganizar os abalos da comunidade, esta palavra pode ser concebida como *Muntu*, no qual este é a pessoa constituída pelo corpo, mente, cultura e principal-

---

[50] "MUNTU é classificação para seres dotados de inteligência. São considerados Muntu os seres humanos, vivos ou mortos. Os ancestrais e mesmos os Inquices, como ancestrais mais antigos da sociedade, estão nesta categoria de Muntu. Os animais não possuem a inteligência humana, sendo que a eles é considerada a existência de uma inteligência limitada e voltada mais para a repetição ou imitação do que a criação da inovação. No entanto, para as sociedades bantu os seres humanos e os seres animais têm em comum os sentidos da audição, visão, olfato, paladar e o sentimento" (CUNHA JUNIOR, 2010 *apud* SARAIVA, 2019, p. 106).

mente palavra. A palavra como fio condutor da sua própria história, do seu próprio conhecimento da existência (SARAIVA, 2019, p. 102).

Por sua vez, a socioeducação carrega em todos seus agentes e políticas, diversos dogmas morais e preconceitos oriundos de propostas éticas que fomentam a exclusão e punição do outro como processo educacional para a correção de atitudes éticas nos socioeducandos. Segundo Zanella:

> A ausência de base teórica influencia na percepção da intencionalidade da metodologia de atendimento socioeducativo, na trajetória da formação inicial e continuada dos socioeducadores o que desarticula o trabalho desses profissionais formados em diferentes instituições e áreas do conhecimento. Desta maneira, sem um fundamento teórico e metodológico consistente, os socioeducadores possuem dificuldade em exercer sua função educativa e são levados a escolherem práticas meramente coercitivas e sancionarias (ZANELLA, 2011, p. 65).

O pensamento ocidental colonial gerou a desumanização dos humanos escravizados em África, gerando em nosso presente sujeitos marginalizados[51]. Esse tipo de pensamento fomenta, por conseguinte, definições de que um processo educativo coercitivo, que reafirma a lógica de exclusão e punição, seja capaz de efetivamente ressocializar esse sujeito para o convívio livre em sociedade. Com efeito, a socioeducação em um ambiente de caráter punitivo não pode reafirmar a lógica excludente e violenta de nosso passado colonial contra os sujeitos que já carregam em suas caminhadas existenciais as marcas do racismo estrutural de nossa sociedade, para isso é necessária a "desconstrução da visão da escola como punição nas atividades socioeducativas" (ESPÍRITO SANTO, 2014, p. 40).

---

[51] Seguindo com Moura (2019), "o aparelho ideológico de dominação da sociedade escravista gerou um pensamento racista que perdura até hoje. Como a estrutura da sociedade brasileira, na passagem do trabalho escravo para o livre, permaneceu basicamente a mesma, os mecanismos de dominação, inclusive os ideológicos, foram mantidos e aperfeiçoados. Daí o autoritarismo que caracteriza o pensamento de quantos ou pelo menos grande parte dos pensadores sociais que abordam o problema do negro, após a Abolição" (MOURA, 2019, p. 46).

Na busca de uma opção para se quebrar essa lógica histórica de se castigar os corpos dos escravizados e dos sujeitos privados de liberdade em nosso país, a ética *Ubuntu* pode ser implementada em todo o processo socioeducativo, atingindo, preferencialmente, todos seus agentes e gestores. Na busca de uma perspectiva ética plural para a socioeducação, afilio-me à afirmativa de Saraiva quando este nos diz que o

> [...] conhecimento sobre a ética Ubuntu possibilita ao indivíduo experimentar a própria experiencia humana, não de maneira individual, mas em grau comunitário, sempre se projetando em um espaço de compreensão social de forças pares (SARAIVA, 2019, p. 101).

2.2 POR UMA SOCIOEDUCAÇÃO ANTIRRACISTA

> *Quando nossa experiência vivida da teorização está fundamentalmente ligada a processos de autorrecuperação, de libertação coletiva, não existe brecha entre a teoria e a prática. Com efeito, é o elo entre as duas – um processo que, em última análise, é recíproco, onde uma capacita a outra.*
>
> (bell hooks)

Após toda exposição da necessidade de um ensino de Filosofia baseado em um currículo plural e descolonizado, cumprindo a Lei 10.639/03, será apresentada a proposta educacional para um ensino de filosofias antirracistas. Essa necessidade também é urgente para a socioeducação. Como descrito no título desta pesquisa, a presente proposta é de uma socioeducação antirracista, tendo o ensino de Filosofia como recorte curricular e pedagógico, fundamentado nos pressupostos do discurso inclusivo das Filosofias Africanas, em especial no conceito de pluriversidade filosófica de Mogobe Ramose durante a prática cotidiana docente. Acreditando na necessidade de inclusão de valores éticos e epistemologias para além das clássicas e estabelecidas de forma dogmática, subscrevo-me ao que a autora estadunidense bell hooks salienta como mudança de paradigma, pois esta pode causar "uma certa dor envolvida no abandono das velhas formas de pensar e saber e no aprendizado de outras formas" (HOOKS, 2017, p. 61).

Para uma melhor compreensão da presente proposta, serão expostos alguns dados da realidade encontrada em três dos centros socioeducativos do estado do Espírito Santo, mais precisamente na região metropolitana da Grande Vitória. Faz-se necessária essa propedêutica para justificar as ações socioeducacionais antirracistas e afroperspectivistas desta pesquisa.

2.2.1 Os centros socioeducativos do estado do Espírito Santo

Todo o processo socioeducativo no estado do Espírito Santo é gerido pelo IASES (Instituto de Atendimento Socioeducativo do Estado do Espírito Santo), sendo este responsável pela manutenção e funcionamento de 14 unidades espalhadas pelo estado[52].

Traçando os recortes geográfico e temporal de nossa pesquisa, é fundamental descrever que este trabalho fora realizado durante o ano letivo de 2019, de forma presencial, nos espaços pedagógicos de três centros socioeducativos no município de Cariacica, sendo estes: Centro Socioeducativo de Atendimento ao Adolescente em Conflito com a Lei (CSE); Unidade de Internação Socioeducativa (UNIS); e Unidade de Internação Provisória I (UNIP I)[53]. Todo o trabalho de escolarização foi supervisionado pedagogicamente pela Escola Estadual de Ensinos Fundamental e Médio Augusto Luciano, também localizada no município de Cariacica.

Os centros socioeducativos do IASES não possuem uma escola exclusiva, gestora do trabalho docente, por conta disso escolas estaduais regulares dão o suporte pedagógico ao trabalho escolar. Dessa maneira, as atividades escolares no IASES se dão por uma interlo-

---

[52] "[...] O Estado do Espírito Santo possui 04 Unidades de Internação Provisória Masculinas, 05 Unidades de Internação Masculinas, uma Unidade de Internação Feminina (que executa Atendimento Inicial, Internação provisória e Internação), duas Casas de Semiliberdade, uma Unidade de Atendimento Inicial e um Centro Integrado de Atendimento Socioeducativo" (ESPÍRITO SANTO, 2014, p. 24).

[53] As unidades UNIP I e UNIS são atendidas pelo mesmo espaço pedagógico.

cução de secretarias de estado da Educação, Segurança e Direitos Humanos; sempre respeitando as normativas do ECA e as diretrizes da Declaração Universal dos Direitos Humanos, conforme o Projeto Político Pedagógico Institucional do IASES[54] de 2014.

Os espaços pedagógicos correspondem na verdade a adaptações de um prédio escolar regular dentro de cada uma das unidades, variando sua arquitetura entre os centros socioeducativos dos IASES. Entre as unidades pesquisadas, temos diferenças notórias: no CSE, a rotina escolar e o espaço físico são bastante similares à realidade de quaisquer escolas regulares da região metropolitana, com um pátio central arrodeado das salas de aula, estas com janelas e bem arejadas; bem diferente é o espaço pedagógico para as unidades UNIS e UNIP I, nestas o ambiente escolar é gradeado, divido em dois blocos. Suas salas são amplas, porém sem janelas.

A rotina de um turno escolar segue a divisão regular de horário de cinco aulas diárias, com um intervalo entre a terceira e quarta aula. Esse intervalo entre as aulas é realizado dentro de sala, para os socioeducandos da UNIS e UNIP I, sendo a merenda escolar feita dentro da sala de aula. Já no CSE, há um convívio coletivo entre os socioeducandos no pátio do centro pedagógico, durante o intervalo para a merenda escolar. É interessante salientar que os espaços pedagógicos da UNIS e UNIP I são bem similares às salas de aula encontradas nos centros de detenção penitenciários do Espírito Santo[55]. Tais diferenças ocorrem, pois cada centro socioeducativo possui sua gerência individual e critérios de segurança particulares baseados em ocorrências de trabalho únicas e específicas. Essas diferenças de gestão ocorrem sempre na intenção de assegurar a integridade física e psicológica de todos os sujeitos envolvidos na escolarização dos socioeducandos.

---

[54] Disponível em: https://iases.es.gov.br/Media/iases/Arquivos/PPPI_VERSAO_FINAL_1.pdf. Acesso em: 10 maio 2019.

[55] Lecionei Filosofia para turmas de ensino médio durante o ano de 2020 na EEEFM Cora Coralina, que é referência na escolarização do Complexo Penitenciário de Xuri, em Vila Velha (ES).

A modalidade de ensino praticada em ambos os centros durante a pesquisa foi a "Regular", e no caso das aulas de Filosofia, foram duas horas-aula por semana. Neste ponto, vale salientar que os socioeducandos foram contemplados durante a pesquisa com o dobro de aulas de Filosofia que os demais estudantes da rede estadual do Espírito Santo. Mas não havia anteriormente um padrão de Modalidade de Ensino, conforme o Plano Estadual de Atendimento Socioeducativo do Estado do Espírito Santo, pois somente a partir de do ano de 2015

> [...] as Unidades de Internação do IASES passam a ofertar a Modalidade de Ensino Regular, pois até então a única modalidade efetivada era a Modalidade EJA, que acabava por não contemplar todos os adolescentes, em virtude das condicionalidades da faixa etária (ESPÍRITO SANTO, 2014, p. 40).

A Modalidade de Ensino Regular mostra-se mais interessante aos egressos já que, em caso de reinternação do adolescente no sistema socioeducativo ou transferência de algum interno para outro centro[56], a falta de padronização dos planos de ensino nos centros socioeducativos, por decorrência de diferentes modalidades, pode prejudicar todo o processo escolar do socioeducando, pois a falta de padronização na modalidade escolar possibilita uma perda de conteúdo programático em seu processo escolar.

Todo o trabalho nos centros de socioeducação são executados por uma equipe distinta de profissionais. Além de um corpo docente comum como qualquer escola, formado por professores especialistas e pedagogos, os socioeducandos também são assistidos em sua escolarização por uma equipe de assistência social, psicólogos a agentes de segurança socioeducativos.

---

[56] Segundo o Plano Estadual de Atendimento Socioeducativo do Estado do Espírito Santo, "[...] não há uma continuidade da escolarização, ou até mesmo a continuidade no acompanhamento da escolarização desde adolescente. Por fim, precisamos avaliar o adolescente que cumpre Medida de Internação Sanção nas Unidades de Internação que, por cumprirem no máximo, 03 meses, acabam sendo matriculados, sem conseguirem efetivamente cumprir o semestre" (ESPÍRITO SANTO, 2014, p. 41). É perceptível que mesmo havendo a modalidade de Ensino Médio Regular, o documento reconhece a perda do "semestre", deixando a compreensão de EJA, e não Regular. Essa falta de padronização deixa exposta a ausência de um método específico e apropriado para a socioeducação que atenda ambas as modalidades para a continuidade da escolarização dos internos ao deixarem os centros socioeducativos.

A Filosofia é uma disciplina exclusiva do ensino médio e por conta disso se faz necessária a apresentação de alguns dados estatísticos para uma compreensão da realidade escolar do ensino médio no IASES. Conforme a plataforma digital de transparência de dados do IASES[57], com dados coletados no dia 1 de novembro de 2020, de um total de 534 adolescentes, somente 4.1% estão matriculados no ensino médio regular, e 2,4%, no ensino médio da EJA. 10,3% dos socioeducandos são computados como "não informado". Somando as modalidades de ensino fundamental I, II, fundamental da EJA, temos 83,1% dos matriculados[58]. Observando a percentagem de faixa etária, 71% dos internos possuem idade dos 16 aos 18 anos. Também é importante a atenção ao recorte de gênero[59] desses internos que são 98% masculino e 2% feminino, conforme os gráficos 1 e 2, em seguida.

---

[57] Dados coletados no Observatório digital da socioeducação. O IASES de forma transparente disponibiliza os dados sociais do jovens em processo socioeducativo. Disponível em: https://iases.es.gov.br/observatorio-digital-da-socioeducacao/em-cumprimento-de-programa-MSE. Acesso em: 1 nov. 2020.

[58] Os dados especificados por modalidade são: 17,2% são do fundamental I; 55,4% são do fundamental II; e 10,5% são da EJA fundamental.

[59] Não há especificidade da escolarização entre gêneros e raças/cor no Observatório Digital da Socioeducação, até a data final desta pesquisa.

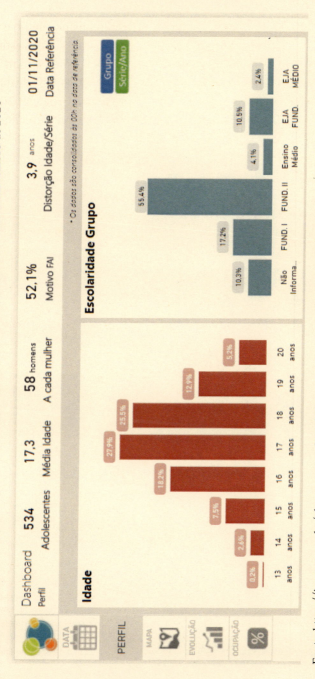

Figura 1 – Média de idade e nível de escolarização dos socioeducandos do IASES no mês de novembro de 2020

Fonte: https://iases.es.gov.br/observatorio-digital-da-socioeducacao/em-cumprimento-de-programa-MSE. Acesso em: 1 nov. 2020

Figura 2 – Distinções de Raça/Cor e Sexo dos socioeducandos do IASES no mês de novembro de 2020

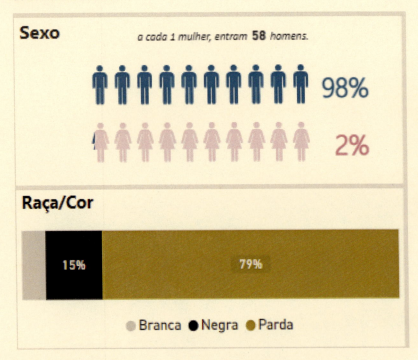

Fonte: https://iases.es.gov.br/observatorio-digital-da-socioeducacao/em-cumprimento-de-programa-MSE. Acesso em: 1 nov. 2020

Outro fato que nos chama atenção é a distribuição geográfica de origem desses socioeducandos. Conforme também os dados estatísticos, também recolhidos do Observatório da Socioeducação do IASES, a maioria dos internos é oriunda das cidades formadoras da região metropolitana da Grande Vitória, com 50,2% dos casos de internação, em novembro de 2020. Esse fenômeno não seria por acaso e nem exclusivo no estado do Espírito Santo. Com a grande concentração populacional das regiões metropolitanas em todo o território brasileiro e o racismo estrutural de nossa sociedade, bolsas de pobreza se instalam nessas regiões colocando os cidadãos em condição de vulnerabilidade e marginalização.

O gráfico a seguir nos mostra como as cidades periféricas da capital espírito-santense, Vitória, possuem mais jovens internados nos centros de socioeducação do IASES. É digno de nota a atenção para o fato de que as cidades de Vila Velha e Serra são respectivamente as cidades mais populosas do estado e onde a maioria dos socioeducandos reside.

Figura 3 – Divisão de origem residencial dos socioeducandos do IASES em novembro de 2020

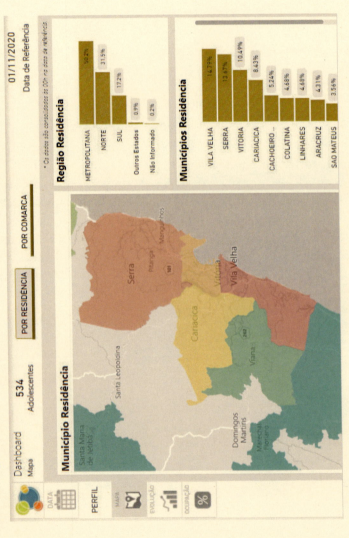

Fonte: https://iases.es.gov.br/observatorio-digital-da-socioeducacao/em-cumprimento-de-programa-MSE. Acesso em: 1 nov. 2020

Diante desse panorama estatístico, podemos descrever que o público participante deste trabalho foram rapazes pobres e negros oriundos das comunidades periféricas da Grande Vitória, em sua grande maioria.

2.2.2 Os desafios metodológicos na socioeducação

Os desafios encontrados na docência socioeducativa são grandes e originados por uma série de fatores que serão tratados a partir deste momento. Por conta do pouco tempo de implementação das medidas socioeducativas em nosso país, e reconhecendo também as dificuldades que a educação pública, historicamente, enfrenta rotineiramente, nós, professores e professoras de ensino médio, temos grandes dificuldades na busca e aprimoramento de uma metodologia de ensino apropriada para a socioeducação. Essa condição é exposta no próprio Plano Estadual de atendimento Socioeducativo do estado do Espírito Santo 2015-2014, que assume algumas ausências como:

> Ausência de uma proposta metodológica específica para a socioeducação, que contemple os espaços tempos da socioeducação; ausência de uma proposta metodológica para o atendimento de internação provisória; ausência de proposta de consolidada para os adolescentes que finalizaram a educação básica; ausência/inadequação de espaços físicos adequados para sala de aula e para atividades extras à sala de aula (sala de leitura, bibliotecas, laboratórios, quadras esportivas) e oferta de merenda escolar; ausência de recursos didáticos para um melhor desenvolvimento educacional; falta de formação específica para os professores e pedagogos – espaços coletivos para produção/formação; necessidade de ampliação/adequação da carga horária de forma que envolva qualificação pessoal, interdisciplinar e interinstitucional (formação em serviço) (ESPÍRITO SANTO, 2014, p. 40).

Dentre todas as "ausências", algumas já foram superadas, principalmente as pendências ligadas ao lazer, ao esporte e aos cursos profissionalizantes. Mas para nosso caso, em específico, a "ausência" mais custosa é a que corresponde a uma metodologia de ensino.

O Projeto Político Pedagógico Institucional do IASES possui característica política progressista e em consonância com a pedagogia freiriana. Conforme exposto no PPPI, "[...] não há uma única forma[60] de educação, a escola não é o único – e talvez nem o melhor – lugar onde ela acontece. A educação acontece difusa da família à comunidade, em qualquer modelo de sociedade" (ESPÍRITO SANTO, 2010, p. 40). Seguindo essa abordagem, não há unicidade de método, lugar ou conteúdo para acontecer o processo educativo. Mas mesmo diante de tal afirmativa, há a necessidade do um método de escolarização e essa necessidade é reconhecida pelo Plano Educacional de Atendimento Socioeducativo do Espírito Santo.

Muniz Sodré salienta que educar "[...] é socializar, individualizando, isto é, primeiramente inscrever a criança no ordenamento social desejado e depois criar as condições cognitivas e afetivas para sua autonomia individual como adulto" (SODRÉ, 2012, p. 16). Seguindo por esse caminho, um método socioeducativo deveria ter como foco a inscrição do jovem no ordenamento social, mas não corroborando com a estrutura racista que coloca esse mesmo jovem na condição em que se encontra.

Seguindo a orientação do PPPI do IASES, os pressupostos pedagógicos, embora sejam politicamente progressistas, estabelecem uma proposta educativa baseada somente nas teses universalistas que levam em consideração a ontologia de um indivíduo civilizado e idealizado pelos valores éticos e morais oriundos das clássicas filosofias ocidentais, estabelecendo assim, as práticas escolares como "processos formativos de individualidades autônomas e solidárias" (ESPÍRITO SANTO, 2010, p. 44). O humanismo oriundo do projeto iluminista é o fundamento da proposta do PPPI. Com efeito, um método baseado unicamente nos conceitos universalizantes do iluminismo humanista ocidental em detrimento de filosofias emergidas de toda a humanidade, corrobora somente com a lógica de racismo

---

[60] A palavra "Forma" não representa o entendimento de *morphé* neste caso. "Forma" aqui se aproxima ao sentido de método.

epistêmico criando uma abordagem dicotômica para o método de ensino (NOGUERA, 2014, p. 32).

Como então podemos elaborar uma metodologia afroperspectivista pluriversal, se a configuração dos pressupostos da escolarização do Projeto Político e Pedagógico do IASES se reconhece como "reprodutora das relações sociais e valores dominantes"(ESPÍRITO SANTO, 2010, p. 46)? Conforme se apresenta o IASES, esta se reconhece como uma instituição aberta ao debate com a sociedade, sempre na busca de atendimento ao respeito da humanidade de cada ser humano envolvido no processo socioeducacional. Trarei uma proposta de ensino de Filosofia que supere a condição de mera reprodutora de valores ocidentais universalizantes, para uma efetiva socioeducação em consonância com a tradição afroperspectivista pluriversal.

2.3 A ORALITURA FILÓSOFICA COMO FERRAMENTA PEDAGÓGICA

> *Lá onde não há escrita, o homem está ligado à palavra que profere. Está comprometido por ela. Ele é a palavra, e a palavra encerra um testemunho daquilo que ele é. A própria coesão da sociedade repousa no valor e no respeito pela palavra.*
>
> (Amadou Hampâté Bâ)

Conforme dito em alguns momentos desta pesquisa, as questões de segurança são prioritárias para o cotidiano das aulas nos centros socioeducativos. Cabe aos professores e professoras buscarem estratégias que realmente sejam eficazes para a apreensão dos conteúdos apresentados em aula, pois as especificidades do trabalho são únicas. O ensino de Filosofia possui milenar tradição sobre o texto escrito no mundo ocidental, principalmente por conta do helenismo e sua influência sobre a cultura romana. Mesmo sabendo que a tradição filosófica helênica reconhece as aulas peripatéticas de Aristóteles, em seu Liceu; e também a prática de ensino pelo texto oral de Pitágoras, no mundo ocidental, a filosofia consolida-se de fato por via dos textos escritos[61]. Reconhecendo que os espaços pedagógicos são um simulacro de uma escola regular, seria mais comum para o trabalho de professoras e professores trabalhar as perspectivas afrorreferenciadas filosóficas por meio de textos, porém, como trabalhar textos com estudantes que não podem acessar textos fora dos ambientes controlados dos espaços pedagógicos? Como desenvolver um ensino filosófico sem o apoio de textos nas tarefas fora de sala de aula? Apesar do IASES reconhecer que "[...] as Unidades socioeducativas precisam ser equipadas e potencializadas como um espaço de fonte de conhecimento e socialização por meio das bibliotecas, fortalecendo a cultura e o incentivo à leitura" (ESPÍRITO SANTO, 2014, p. 43), os procedimentos de segurança e comportamento dos socioeducandos são um entrave para a prática da leitura fora dos espaços pedagógicos. Por conta dessas questões que se conflitam entre questões de segurança e métodos pedagógicos, que adotamos como método de trabalho em sala de aula com os alunos para o ensino das filosofias africanas a tradição da oralidade para o ensino de Filosofias.

Dentre todas as dificuldades citadas, a questão que mais cria problemas à escolarização nos centros socioeducativos e ao desenvolvimento do trabalho dos professores e professoras é a rotatividade dos alunos. O processo socioeducativo não obriga o jovem em conflito com a lei cumprir uma internação durante um tempo determinado, justamente por não haver uma condenação. Por essa particularidade é bastante comum um aluno retornar à escolarização durante o andamento do ano letivo. É também comum esse mesmo aluno retornar ao convívio em liberdade durante o mesmo ano letivo. Com efeito, vários socioeducandos fazem suas internações em períodos curtos, fato que dificulta se pensar em estratégias pedagógicas de longo prazo, pois a mudança entre os alunos pode ocorrer de uma semana para outra. Por causa dessa característica no cotidiano da escolarização socioeducativa, nossa proposta é tratar cada aula como única

---

[61] Giovanni Reale e Dario Antisieri, em sua clássica obra de história da filosofia, tecem uma breve nota na biografia de Pitágoras sobre sua passagem pelo Egito Antigo, onde o filósofo de Samos fez seus estudos nos "[...] santuários e aprendeu os arcanos da teologia egípcia [...] muitos escritos são atribuídos a Pitágoras, mas os que chegaram até nós sob o seu nome são falsificações de épocas posteriores. É possível que o seu ensinamento tenha sido somente (ou predominantemente) oral" (REALE, 2014, p. 39).

e que proporcione ao professor transmitir e debater os conteúdos propostos pelos planos de aula, e avaliar a apreensão e aprendizagem por parte dos socioeducandos. Nossa proposta é que cada aula de Filosofia seja única para que não haja dificuldades metodológicas para os professores e professoras durante seu trabalho, e que ocorra um ensino de Filosofia cumpridor de seu dever pedagógico.

Sabendo desse panorama no dia a dia do trabalho dos professores e professoras de Filosofia, e associando-me à tradição da oralidade da filosofia africana, minha proposta para superar a dificuldade do trânsito das internações dos socioeducandos durante o ano letivo é trazer um ensino filosófico pela oralidade dos textos propostos em aula, visto que, segundo Noguera (2014), "[...] a oralidade e a escrita não devem ser vistas como opostas ou dentro de uma hierarquia, mas como equivalentes" (NOGUERA, 2014, p. 65).

Trataremos a partir de agora sobre a importância da oralidade para a filosofia africana e seus saberes ancestrais. A oralitura foi o método escolhido para superar as dificuldades encontradas pelas peculiaridades da socioeducação. Uma dificuldade enfrentada pelas filosofias africanas dentro dos centros acadêmicos brasileiros é o fato de sua tradição filosófica do texto oral em detrimento a tradição dos textos escritos das filosofias ocidentais. O texto é para o mundo acadêmico ocidental o cânone da filosofia. Assim, Noguera coloca em xeque a validade do texto escrito em oposição ao texto falado. Para nosso filósofo e professor carioca,

> Uma objeção plausível às produções filosóficas não ocidentais, anteriores às instalações de Departamento de Filosofia nas universidades do mundo, estaria na suposta ausência de dados devido à baixa quantidade de textos. No caso específico da filosofia africana, pesquisadoras e pesquisadores se perguntam onde estão os escritos. Sem dúvida, dentro dos padrões do Ocidentes, a oralitura não mereceria a mesma confiança que o registro escrito. Mas será que, realmente, apenas a escrita tornaria um raciocínio válido? Por um lado, vale dizer que existe um volume bem razoável de textos africanos antigos

anteriores aos escritos de Platão e de Aristóteles ainda pouco conhecidos do *mainstream* acadêmico. Por outro lado, a oralidade e a escrita não devem ser vistas como opostas ou dentro de uma hierarquia, mas como equivalentes (NOGUERA, 2014, p. 64-65).

Hampatê Bâ reconhece que grande parte da tradição da filosofia africana ancestral, anterior às academias contemporâneas de filosofia em África, mantinha a sua memória por meio da transmissão oral dos conhecimentos através dos séculos. Assim,

> Quando falamos de tradição em relação à história africana, referimo-nos à tradição oral, e nenhuma tentativa de penetrar a história e o espírito dos povos africanos terá validade a menos que se apoie nessa herança de conhecimentos de toda espécie, pacientemente transmitidos de boca a ouvido, de mestre a discípulo, ao longo dos séculos. Essa herança ainda não se perdeu e reside na memória da última geração de grandes depositários, de quem se pode dizer são a memória viva da África (BÂ, 2010, p. 167).

Essa compreensão se faz necessária, pois um ensino de Filosofia afrocentrado e afrorreferenciado deve reconhecer a tradição ancestral da oralidade. Bâ reconhece que a fala é o primeiro texto filosófico válido, visto que

> Nada prova a priori que a escrita resulta de um relato da realidade mais fidedigno do que o testemunho oral transmitido de geração a geração [...] O que se encontra por detrás do testemunho, portanto, é o próprio valor do homem que faz o testemunho, o valor da cadeia de transmissão da qual ele faz parte, a fidedignidade das memórias individual e coletiva e o valor atribuído à verdade em uma determinada sociedade (BÂ, 2010, p. 168).

Assim, a oralidade mantém a memória de um povo viva sendo transmitida em cadeia dentro de uma sociedade.

A PRÁTICA DE UM ENSINO DE FILOSOFIA ANTIRRACISTA: ALGUNS RESULTADOS

O cotidiano escolar nos centros socioeducativos é diferente das demais escolas e possui particularidades, por motivos já citados anteriormente. A busca de uma metodologia afrorreferenciada[62] que atendesse essas particularidades foi a maior dificuldade desta pesquisa quando, efetivamente, posta em prática. Foram vários os questionamentos e problemáticas suscitadas durante a pesquisa oriundas das fundamentações teóricas. Por conta desse processo, fez-se necessário desenvolver um conteúdo programático para ser tratado em sala de aula de forma a se debater os temas com todos os envolvidos durante a dinâmica das aulas: os socioeducandos, todos os profissionais dos centros socioeducativos e o professor pesquisador. Diante desse panorama desafiador e na busca por possibilidades plurais reais de realização da pesquisa, associo-me à tese da "sociologia das emergências" de Nilma Lino Gomes.

> A sociologia das emergências consiste em substituir o vazio do futuro segundo o tempo linear por um futuro de possibilidades plurais, concretas, simultaneamente utópicas realistas, que vão se construindo no presente mediante atividades de cuidado [...] sendo assim, a sociologia das emergências é a investigação das alternativas que cabem no horizonte das possibi-

---

[62] Segundo Abidênia Freire Machado, "Com o advento da Lei 10.639/2003, que torna obrigatório o ensino de história e cultura africana e afro-brasileira, tornou-se fundante a criação de metodologias que possam delinear, demarcar a implementação de tal lei desde métodos afrorreferenciados, posto que a proposta é um ensino desde nosso próprio lugar de pertencimento, nosso modo de ser, nossos saberes, nossas culturas, nossos corpos, nossas histórias. Assim, essas metodologias são pautadas desde as histórias que nos foram negadas nas escolas e universidades, perpassadas pela oralidade, pela memória, pelos valores que delineiam o cotidiano da população negra diaspórica que forma o Brasil, perpassadas por corpos negados e cheios de potência e resistência" (MACHADO, 2019a, p. 4).

lidades concretas. Ela amplia o presente, juntando o real amplo as possibilidades e as expectativas futuras que ele comporta (GOMES, 2017, p. 41).

Desta feita, todo o trabalho de pesquisa e fundamentação se faz válido somente quando posto em prática na busca de resultados concretos e realizáveis, tendo como horizonte a necessidade de possibilidades futuras concretas para os socioeducandos na tentativa de levá-los à compreensão dos mecanismos estruturantes do racismo em nossa sociedade. Desta feita, segundo Abidênia Freire Machado,

> [...] educar desde uma perspectiva afrorreferenciada [...] é educar pela experiência, pois o conhecimento real, que pode ser efêmero, tem origem em nós, em nosso lugar de pertencimento, nosso chão, nossa cultura e saberes (MACHADO, 2019a, p. 9).

A partir deste momento, descreverei a minha experiência em sala de aula, que fora realizada durante o mês de novembro do ano de 2019. As turmas escolhidas foram as da 1ª série do ensino médio. Essas turmas foram elencadas por serem mais cheias e por ser o primeiro contato da disciplina da Filosofia para alguns socieducandos. A escolha do mês de novembro se fez justamente por se tratar do mês da consciência negra, e por haver uma movimentação cultural nesse sentido dentro dos centros socioeducativos pesquisados. O conteúdo escolhido: a Filosofia *Ubuntu* sobre a perspectiva ramoseana; faz-se necessário por justamente abarcar o debate sobre as questões da importância da filosofia africana para a formação de um pensamento plural, além dos conceitos existencialistas e éticos. O método de trabalho escolhido junto com os socioeducandos foi o da tradição da "oralitura"[63] filosófica africana. Nesse ponto, adotamos o método de *Roda de Filosofia* proposto por Renato Noguera como fundamento prático para o Ensino de Filosofias nos centros socioeducativos.

---

[63] "Por oralitura se deve entender o conjunto de textos orais numa determinada área ou sobre algum assunto, relatados e transmitidos de geração a geração" (NOGUERA, 2014, p. 64).

3.1 *UBUNTU* DENTRO DAS SALAS DE AULA

Lecionar Filosofia é um desafio por si só, pois é uma disciplina escolar com vasto conteúdo histórico, porém com pouco tempo semanal de aula em sala. Ela apresenta temáticas que são densas e vívidas para os estudantes, mas que podem, sem a devida atenção dos professores e professoras, deixar uma impressão de serem somente abstratas e distantes da realidade fática na existência destes. Para a socioeducação, a situação não é diferente. Algumas temáticas como: liberdade, vida, racismo[64] e ética são empolgantes para vários socioeducandos, porém se tratadas somente de forma meramente sistemática e distante de suas vivências, podem não gerar interesse pela aula e como consequência um baixo aproveitamento escolar. Desta feita, a aula de Filosofia deve aproximar a compreensão de mundo de cada socioeducando. Segundo Pontes, o Ensino de Filosofia

> [...] tem por responsabilidade possibilitar ao indivíduo o pensamento crítico, levando-o a separar o senso comum do pensamento filosófico, com a proposta de validar nosso conhecimento ou torná-lo consistente. O papel da filosofia na educação é formar um homem crítico, que julga, avalia e sobre isso formula um novo conhecimento, sempre buscando a evolução do conhecimento, de forma comprometida com a ética, partindo de sua liberdade para construir seus pensamentos, ideias e conclusões sobre o meio em que vive (PONTES, 2017, p. 82).

A tradição filosófica do *Ubuntu* proporciona aos socioeducandos uma perspectiva de pertencimento e participação da humanidade diferente das tradições filosóficas clássicas, pois seu fundamento pluriversalista os inclui no processo do filosofar em sala de aula, superando, dessa maneira, as teses racistas tão sedimentadas no senso

---

[64] O racismo é tema fundamental para o Ensino de Filosofia nos centros socieducativos, pois a maioria dos internos é negra e estes sofrem as agruras racistas em suas vidas. Desta feita, "[...] a luta contra o racismo também é a luta pela (re)humanização do sujeito racializado. O combate ao racismo, analisado dessa forma, reivindica um *outro humanismo* em oposição ao humanismo europeu, 'dado que o europeu não pôde fazer-se homem senão fabricando escravos e monstros'" (FORDE, 2018, p. 221).

comum dos próprios socioeducandos. Isto acontece de fato por conta do caráter inclusivo da proposta filosófica ramoseana. Historicamente o sujeito "não branco" perde sua identidade, conforme Forde (2019) nos elucida. Segundo ele,

> Um dos principais focos do racismo ocidental tem sido o processo identitário dos não brancos, ora significando-os como não humanos, ora como quase humanos e ora como humanos de menor valor social. As linhas de cor/raça manipuladas em nome do racismo estigmatizam e desqualificam os não brancos e, ao fazê-lo, lhes imputam um processo de marginalização e opressão social justificado por uma suposta inferioridade racial (FORDE, 2018, p. 213).

Diante desse fato, acredito que o Ensino de Filosofia nos centros socioeducativos possui uma dimensão mais socialmente inclusiva para os socioeducandos, do que somente uma mera leitura e reprodução de teses históricas da filosofia durante as aulas. O *Ubuntu* proporciona uma importante inclusão dos alunos para a participação filosófica e reflexiva em sala de aula, e não somente uma sensação de expectador das grandes obras e teses filosóficas de nossa história, extrapolando a percepção de uma usual aula expositiva rotineira, para a compreensão reflexiva e prática de uma filosofia que abarca as várias individualidades e subjetividades durante o acontecimento[65] da aula. Para Alexandre do Nascimento,

> A pessoa ou instituição que pratica Ubuntu reconhece que existe porque outras pessoas existem. Reconhece, portanto, que existem formas singulares de expressão de humanidade, e que as singularidades, como tais, têm igual valor (NASCIMENTO, 2014, p. 2).

Por conta disso, na busca por romper as lógicas racistas em sala de aula, dividi as aulas sobre Filosofia *Ubuntu* em três eixos: a

---

[65] Sigo com a compreensão de "acontecimento" conforme Maximiliano Valério López, quando este nos diz que "urge à educação, portanto, pensar mais radicalmente a vida, não a vida entendida como uma coisa exterior a cultura, com qual esta teria de se relacionar, mas a vida da própria cultura: ou seja, o sentido como acontecimento" (LÓPEZ, 2008, p. 11).

importância da filosofia africana *Ubuntu*; *Ubuntu* e o existencialismo; e a ética *Ubuntu*. Essa divisão se fez necessária para que houvesse um aprofundamento nas questões das filosofias africanas, mas sempre de maneira crítica à tradição ocidental, demonstrando onde as tradições se alinham, onde se complementam e por fim onde divergem, seguindo uma abordagem afroperspectivista[66], que, conforme Renato Noguera, "é pluralista, reconhece diversos territórios epistêmicos, é empenhada em avaliar perspectivas e analisar métodos distintos" (NOGUERA, 2014, p. 68).

Sobre a importância da filosofia africana *Ubuntu*, foi tratada em aula a necessidade da formação de um pensamento pluriversal conforme a proposta ramoseana. Como aproximação foi escolhida a biografia de Nelson Mandela, por sua luta contra a opressão colonialista, seus anos na prisão, sua libertação e ascensão à presidência da África do Sul. A biografia de Mandela teve como objetivo despertar a atenção e interesse dos socioeducandos para o fato de como estamos ligados à cultura africana, justamente pelo uso do nome do *Madiba* nos conhecidos bailes *funk* que ocorrem nas ruas e praças das comunidades periféricas da Grande Vitória, que são conhecidos como "Bailes do Mandela".

A temática existencialista é parte integrante do currículo de Filosofia no ensino médio, principalmente pelas teses de Jean-Paul Sartre e Martin Heidegger. No caso do segundo filósofo, se é trabalhado nas salas de aula o aspecto heideggeriano de existência para a morte, em especial. A morte é um tema bastante delicado para os socioeducandos, pois suas caminhadas existenciais perpassam exatamente pelo extremo da violência cotidiana das comunidades periféricas da Grande Vitória. Alguns estão internados por cometer algum tipo de atentado contra a vida de outra pessoa, ou sofreram

---

[66] "Os pensadores afrocêntricos partem dos pressupostos apresentados acima para entender que é perfeitamente possível, e necessário, aos africanos se perceberem como agentes de sua história e a partir de então agir em função de seus próprios interesses, pois está evidente que a história e cultura do continente africano não são dependentes da história da Europa e de sua avaliação sobre a África. O resplandecer do legado africano será efetivo quando formos capazes de construir um corpo de conhecimentos que articule nossas experiências presentes com as das clássicas civilizações do continente" (PONTES, 2017, p. 68).

algum tipo de perda por morte violenta. Na perspectiva de romper esta lógica de morte e violência, o existencialismo *Ubuntu* traz aos socioeducandos uma perspectiva de pertencimento e valoração da vida e cada ente, independentemente de ser humano ou não[67]. Essa conclusão é evidenciada na resposta do socioeducando do IASES/UNIP I, que chamaremos de P. L. T. Segundo ele: *"Se temos consciência da morte vamos pensar em viver a vida nos prevenindo e tomando cuidados para não morrer. A pessoa que conduz a vida que ela quer levar".*

A aula sobre existencialismo *Ubuntu* promoveu uma possibilidade, aos socioeducandos, de abertura ao pensamento e ao entendimento reflexivo de uma cosmovisão de existência coletiva conforme defendida por Bas'Ilele Malomalo (2019) em consonância com as teses pluriversais de Mogobe Ramose. Segundo Malomalo,

> [...] uma vez tratado na perspectiva da filosofia de ubuntu e biosidade, deve respeitar as particularidades da diversidade: praticar a pluriversalidade [...] A filosofia africana ancestral revela que conectividade se explica a partir do princípio de participação cósmica ou solidariedade participativa. Tudo o que existe está em conexão e deve conviver harmoniosamente por que tem a origem comum (MALOMALO, 2019, p. 85).

Sobre o eixo ético do Ubuntu foi trabalhado com os socioeducandos as questões da existência coletiva entre os entes, e as noções de pertencimento da historicidade da humanidade. Esse debate se demonstrou valoroso, possibilita a escuta e compreensão dos temas existenciais do Ubuntu e a como a biografia de Nelson Mandela pode ser um exemplo vivo da prática das filosofias africanas em uma sociedade colonizada pelo pensamento ocidental clássico.

---

[67] É válido apontar que a cosmovisão do *Ubuntu* colabora transversalmente com as diretrizes educativas no tocante à educação profissionalizante, sobre os temas socioambientais. Segundo o Plano Estadual de Atendimento Socioeducativo do Espírito Santo, "[...] as ações educativas, sociais e ambientais junto aos adolescentes sejam formas de trabalho que auxiliem a agirem enquanto transformadores e orientadores de uma postura para a proteção ambiental junto às comunidades de que fazem parte, concretizando-se a reflexão de que é necessário proteger e fortalecer o meio ambiente, como resposta e prevenção aos problemas socioambientais, contribuindo, assim, para o processo de formação de cidadãos atuantes" (ESPÍRITO SANTO, 2014, p. 43).

Assim, os estudantes desenvolviam semanalmente durante as aulas, suas atividades escolares, entendimentos e compreensões de mundo sempre sob o prisma de se estudar filosofias e cosmovisões para além das opiniões do senso comum e preconceitos. O pluversalismo filosófico proporcionou às aulas uma amplitude de compreensão maior, no que se refere ao pertencimento dos socioeducandos. Sendo sujeitos que carregam em suas histórias uma relação de abandono estatal, e sendo, para muitos, a primeira vez em que há uma assistência social de fato. A escolarização dos centros socioeducativos, em especial as aulas de Filosofia, são oportunidades inéditas para os socioeducandos de debater questões das origens culturais e ancestrais de suas histórias. Seguindo com Pontes (2017), a filosofia afroperspectivista pode ampliar o horizonte filosófico dos estudantes, pois

> [...] a filosofia afroperspectiva favorece uma política intelectual que possibilite ampliar os diálogos frente às questões raciais na educação, sobretudo na filosofia. Enfim, uma abordagem que se preocupa em identificar as bases sociais e culturais dos argumentos, ao lado do poder especulativo da filosofia (PONTES, 2017, p. 84).

Há, sim, uma aproximação dos socioeducandos com a Filosofia, quando estes reconhecem a sua humanidade nas teses filosóficas. O Ensino de Filosofia consegue se aproximar dos estudantes, quando reconhece a diversidade humana que carrega em sua historicidade como um todo, não somente como conteúdos frios e não vividos de páginas de livros.

3.2 AS RODAS DE FILOSOFIA

Em nossa experiência, a prática filosófica da oralidade foi uma ferramenta muito eficaz por aproximar os socioeducandos à Filosofia. Nossas aulas ocorriam conforme o método das *Rodas de filosofia* do filósofo Renato Noguera, que, segundo nosso filósofo, seriam "o cerne do eixo metodológico da filosofia afroperspectivista" (NOGUERA, 2014, p. 50). Os conteúdos sendo passados e debatidos por esse método, as memórias sobre as aulas anteriores foram vívidas e vibrantes, pois os temas das aulas conseguiram atravessar o horário normal das aulas, gerando debates somente entre os socioeducandos, ou com os agentes socioeducativos.

A proposta nogueriana assemelha-se às rodas de samba de partido alto, onde cada partideiro ou partideira faz a deixa para o próximo verso a ser cantado. Visando à aproximação dos socioeducandos, fizemos algumas adaptações. Trocamos o samba pelo funk carioca e cultura hip-hop. Ao invés de deixas durante o debate, trouxemos as próprias vivências dos socieducandos para o debate sob o prisma da filosofia do *Ubuntu*. Essa adaptação foi necessária para uma aderência de parte dos estudantes à proposta em sala de aula. Feito isso, fizemos, conforme nos indica Noguera (2014) para as *Rodas de Filosofia*.

> No caso da Roda de Filosofia, as ideias são apresentadas pelas pessoas que integram a roda, e o embate intelectual segue como base para um texto coletivo. Cada pessoa apresenta o seu argumento dentro da roda e procura responder as contradições de modo resumido como conceitos ancorados em argumentos trabalhados numa métrica filosófica afroperspectivista (NOGUERA, 2014, p. 50-51).

Ainda seguindo com a proposta nogueriana, é importante salientar que a "roda de filosofia é uma atividade em que a dimensão intelectual e o aspecto artístico ficam indissociados: reflexão, criatividade, inflexão, racionalidades, imaginação, juízo crítico ocupam o mesmo plano" (NOGUERA, 2014, p. 51).

Seguimos com a proposta de discutir vários aspectos filosóficos que estão presentes no cotidiano dos socioeducandos juntamente com as questões suscitadas pela filosofia *Ubuntu*, para que estes se apropriassem dos conteúdos citados ou criados em aula. As *Rodas de Filosofia* são ferramentas emancipatórias no processo de escolarização dos socioeducandos, e um excelente método de ensino para esse público em especial.

Para gerar algum registro para nossa pesquisa, foi solicitada aos socioeducandos uma materialidade de suas ideias. Mesmo que possa parecer contraditório a proposta de se trabalhar a oralitude filosófica como método, esses registros foram necessários. Mas ao invés de produzir um questionário padrão, foi dada a livre expressão para os socioeducandos para se obter esses registros. Em sequência trataremos de alguns exemplos e exposições trazidas à tona por alguns de nossos estudantes que colaboraram e compartilharam suas reflexões e entendimentos durante as aulas.

Quando tratamos sobre as questões existenciais do *Ubuntu* e todas as questões existencialistas que dizem respeito às filosofias africanas, houve um troca de ideias sobre a compreensão cosmológica de vida que essas filosofias possuem. Como resultado, várias questões sobre a urgência das preservações e restaurações ambientais de nossa época vieram à tona trazidas pelos alunos, demonstrando uma compreensão e contextualização com nosso cotidiano a partir da exposição e debate sobre a temática da filosofia *Ubuntu*. Ao fim da palestra e diálogo, foi solicitado que os alunos produzissem um relato sobre sua experiência. Mais uma vez o socioeducando P. L. T. contribuiu para esta pesquisa, e nos fez um pequeno texto ao final da aula, sobre sua compreensão sobre nossa existência em consonância com todos os entes da natureza. Segundo sua compreensão, P. L. T. alerta-nos que:

> A natureza é muito importante em nossas vidas porque precisamos dela para viver no nosso dia a dia. A maioria de nossos alimentos vem de plantações e árvores frutíferas. Não só o alimento, mas também roupas, que são feitas com algodão. E o algodão é colhido de uma plantação, ou seja, vem da natureza. Também temos o exemplo da borracha em que usamos para fazer cabos de ferramentas, elástico, pneus e sola de sapato.
>
> Temos que preservar a natureza, ajudando e preservando a vida dos animais principalmente os que estão em extinção, combatendo contra o desmatamento, não jogar lixo em praias pois vamos comprome-

ter a vida dos animais que vão ingerir aquele lixo pensando que é alimento: então precisamos que os animais marinhos também se reproduzem pois na nossa vida vamos precisar deles para nos alimentar principalmente os peixes.

Em uma outra aula sobre as teses de existências plurais e questões éticas do *Ubuntu*, foram suscitadas questões cotidianas pelos alunos. A temática da morte emergiu de forma tranquila durante a aula, e propiciou uma bela reflexão de um aluno do IASES/CSE, que chamaremos de T. H. C. O. Este elaborou uma lista de pequenas máximas filosóficas após uma troca e ideias sobre questões relacionadas à morte e ao que seria a vida, em nossa existência. Segundo nosso jovem filósofo, as relações entre vida e morte podem ser entendidas como:

> 1 - Viver o presente para construir um futuro melhor; 2 - Você precisa ter essa consciência para se prevenir da morte porque com a morte sua muita gente vai ficar desamparada; 3 - Por que nois não conhecemos a morte; 4 - Por que eles ensina (*sic*) que a existência não terá fim; 5 - A vida só existe entre nois.

Nosso estimado socioeducando e jovem filósofo T. H. C. O. tenta montar uma série lógica de máximas para exemplificar sua compreensão de mundo, sob o prisma de filosofias afrocentradas. Mesmo com algumas dificuldades na escrita, fica nítida a apropriação das teses do *Ubuntu*. Principalmente na máxima número 5, quando afirma que a *"a vida só existe entre nois"*.

Durante a execução desta pesquisa, outras disciplinas também trataram de conteúdo das culturas africanas e afro-brasileiras, pois houve uma série de atividades interdisciplinares durante o mês de novembro, onde comemoramos o mês da consciência negra, na unidade IASES/UNIP I. Entre esses dias, nas aulas de artes foi solicitado que os alunos fizessem desenhos que os representassem durante esse mês de comemorações e conscientização. Em uma aula sobre a importância da representação de Nelson Mandela para a compreensão do que é a ética *Ubuntu*, o socioeducando que chamaremos somente pela letra "J", presenteou-me com um desenho ao fim da aula explicando que sua arte representava tudo o que tinha aprendido durante o trabalho interdisciplinar executado pela equipe do IASES/UNIP I. Para J., era uma "honra" ser negro, e sentia-se honrado por partilhar essa honra comigo.

As *rodas de filosofia* de Renato Noguera demonstraram-se uma excelente ferramenta pedagógica para o ambiente socioeducacional justamente por apresentar um caráter mais suave e não tradicional durante as aulas. Desta feita, associo-me às palavras de nosso filósofo fluminense, quando este afirma que

> [...] a proposta de uma sociedade mais simétrica e multipolar passa pelo reconhecimento, pela difusão e pelo incentivo da produção filosófica africana e afrodiaspórica – aqui denominadas sob a expressão genérica de pensamentos filosóficos afroperspectivistas (NOGUERA, 2014, p. 50-51).

Após as *Rodas de Filosofia*, ficou-me mais nítido que o papel dos professores e professoras é proporcionar um Ensino de Filosofia próximo às realidades concretas dos estudantes, para que estes se interessem pelos temas trazidos durante as aulas, proporcionando uma prática escolar inclusiva. Como sentimento final de todo este trabalho fica toda minha gratidão aos socioeducandos, por me proporcionarem manhãs intensas de aprendizados junto a eles, e, parafraseando nosso jovem filósofo T. H. C. O., a Filosofia só existe entre *nois*.

CONCLUSÕES E CONSIDERAÇÕES FINAIS

Esta pesquisa fora planejada e idealizada para sua execução nos anos de 2019 e 2020. Em 2019, fora desenvolvida a maioria dos estudos textuais e pesquisas bibliográficas para as fundamentações teóricas; 2020 fora idealizado para o desenvolvimento da prática em sala e as coletas de dados e resultados. Subitamente fomos atingidos pela pandemia do vírus SARS-CoV-2, que ficou vulgarmente conhecida como pandemia da Covid-19. De um dia para o outro, toda a rotina de trabalho docente e pesquisa ficou em suspensão. Já não podíamos mais lecionar nas salas de aula presencialmente, não tínhamos acesso às bibliotecas físicas, todos os planos foram paralisados. Repentinamente os professores tiveram de dedicar seu tempo para traçar novas estratégias de trabalho diante de nossa urgência pandêmica. Todos os agentes estatais envolvidos nos processos educativos estavam buscando possibilidades práticas de seguir com os seus trabalhos, a fim de minimizar o impacto para os estudantes. Infelizmente o sistema socioeducativo do IASES ainda não possuía ferramentas tecnológicas de informática modernas para o ensino-aprendizagem a distância de maneira eficaz, assim como a imensa maioria das escolas regulares. Todas as aulas foram desenvolvidas graças ao empenho de todos os professores e professoras, pedagogos e pedagogas, que, sem ferramentas tecnológicas e pedagógicas adequadas para a situação, fizeram o máximo que conseguiram durante mais da metade do ano de 2020. Deixo minhas sinceras congratulações para todos os professores e professoras que fizeram trincheira para manter o direito à educação desses jovens. A união dos corpos docentes foi fundamental para que houvesse, mesmo que precariamente, aulas e atividades a distância para nossos socioeducandos.

Será sempre desafiador para um professor/pesquisador buscar modernas práticas para condições novas oriundas de valores e tradições antigas. Digo isso, pois apesar da tradição milenar dos estudos filosóficos, a escolarização para os jovens em conflito com a lei é uma política pública muito recente em nosso país. Um país que é marcado pela história de violência colonial europeia contra os nativos da Pindorama e os cativos escravizados vindos de África. Um país que possui uma riqueza artística, religiosa e cultural diversa e única, mas que não reconhece essa riqueza sem tratá-la como exótica, como uma afronta à cultura hegemônica dos colonos na América. Um país como o Brasil não deve, nem pode, negar suas diversas e profundas raízes, na busca de uma educação que represente seu povo como ele é materialmente, e não como ele deveria ser, fruto de ideologias racistas que destroem a percepção de seu povo sobre si.

Comumente, nos centros universitários brasileiros, os cursos de filosofia reafirmam para seus alunos, negando a própria diversidade cultural desses estudantes, que os conceitos acadêmicos da filosofia válidos, ou verdadeiros, são aqueles que estão ancorados unicamente nas teses ocidentais e seu papel (in)civilizatório para toda a humanidade. Os conceitos universalizantes dessa tradição, de fato, não promovem uma multiplicidade cultural dentro dos cursos, condicionando os acadêmicos brasileiros para uma espécie de reciclagem das ideias europeias para o cotidiano brasileiro. Os universitários entram no mundo acadêmico carregados da plural cultura brasileira, que é vívida em suas mentes, mas por fim saem como leitores especialistas ou exegetas da tradição filosófica europeia clássica que nem sempre representa a concretude de suas existências ontológicas e vidas profissionais como professores ou pesquisadores.

Sempre na busca disruptiva do panorama acadêmico em nosso país, proponho então um ensino de filosofias para a socioeducação que representa a tentativa de oxigenar o ideário filosófico para o ensino da Filosofia na sua prática, dando um caráter plural a esse ensino em seu cotidiano. Somente ao conhecer o ambiente dos centros socioeducativos do IASES e a realidade para o desenvolvimento do trabalho dos professores e professoras de filosofia, foi que percebi que as lacunas deixadas na minha graduação diziam justamente à respeito da negação à proposta de Mogobe Ramose de pluversidade filosófica. Concordando com Aline Matos da Rocha, nosso entendimento de filosofia

> [...] habita sobre um solo reflexivo, que nos coloca em um constante estado de inquietude diante do que nos é apresentado, proporcionando um confronto conosco mesmo/a e o Outro, na tentativa de realização plena do humano (ROCHA, 2013, p. 3).

Diante da realidade ética dos socioeducandos encontrada nos centros socioeducativos do IASES, ficou evidente a existência do preconceito e desconhecimento deste pesquisador no que diz respeito a uma falta de perspectiva moral desses sujeitos. Na realidade, eles organizam-se, possuem uma conduta ética própria dentro dos espaços pedagógicos, respeitam as regras internas de convívio, tecem carinho e amor ao corpo docente, mas em sua própria forma. Os socioeducandos, em grande parte, demonstram extrema criatividade para a resolução dos problemas trazidos ao debate em aula, e capacidade de aprendizagem que não fica aquém da de nenhum outro jovem frequentador de escolas regulares. O problema que eles enfrentam em suas perspectivas existenciais é realmente a carência ao atendimento de seus direitos de cidadania e como causa/consequência desse fato, o racismo e a marginalização desses jovens em conflito com a lei torna-se quase inescapável. Reconheço que esse processo seja fruto do que brilhantemente nos ensina a tese do professor e filósofo Sílvio Almeida do *Racismo Estrutural*, principalmente quando este nos diz que "o racismo constitui todo um complexo imaginário social que a todo momento é reforçado pelos meios de comunicação, pela indústria cultural e pelo sistema educacional" (ALMEIDA, 2019, p. 65).

Da mesma maneira que as histórias de vida de grande parte dos socioeducandos sejam permeadas pela marginalização, que é ocasionada pelo pensamento colonizado brasileiro, os currículos para o ensino de Filosofia também reproduzem o ideário racista. Mesmo com 20 anos de sua promulgação, a Lei 10.639 de 2003, ainda é uma novidade, de boa parte dos currículos estaduais, corpos docentes e materiais didáticos de Filosofia. Na prática, devemos reconhecer que somente as disciplinas de História, Artes e Educação Física possuem em suas grades elementos das culturas africanas e afro-brasileiras. Mas a Filosofia, como disciplina escolar básica, tem deixado uma extensa lacuna para a formação de um cidadão crítico da realidade brasileira. O ensino de Filosofia, conforme nos orienta o filósofo e professor Renato Noguera, na realidade possui "uma belíssima oportunidade contribuir para desfazer um dos maiores equívocos a respeito da filosofia" (NOGUERA, 2014, p. 12). Mas infelizmente muitos currículos, cursos, professores e professoras não fazem uso dessa oportunidade dada pela Lei 10.639/03 de efetivamente reconhecer nossas raízes africanas dentro das escolas, o que acaba por reforçar todas as pseudoteses racistas que estão estruturalmente estabelecidas na educação brasileira.

O desafio de se ensinar as culturas africanas e afro-brasileiras vai para além das questões de currículos e políticas públicas. O preconceito e discriminação com quaisquer traços de cultura não europeias nas escolas podem ser encontrados dentre os próprios estudantes, e até mesmo vindos de discursos equivocados de outros colegas de trabalho. Essa condição é extremamente desafiadora para os professores e professoras que trazem uma proposta afrorreferenciada em suas aulas, e também em suas referências e pesquisas acadêmicas. A todo momento o professor precisa explicar que sua metodologia é tão válida como qualquer método clássico ocidental, e fundamental para a formação dos alunos.

Diante de todas as dificuldades e obstáculos já conhecidos e descritos anteriormente para a socioeducação, a pandemia da Covid-19 foi uma imensa barreira para esta pesquisa. Algumas das dificuldades já previstas se tornaram ainda maiores e mais desafiadoras. O afastamento presencial em sala de aula dificultou a criação de laços fraternais entre o pesquisador e os socioeducandos. Um grande exemplo para essa afirmativa foi encontrar uma turma praticamente renovada quando retomados os trabalhos presenciais. Ao retornar para a sala de aula, eu era uma figura nova para as turmas, pois o único contato com esses novos socioeducandos, até então, fora feito por videoaulas preparadas, gravadas e editadas. A adesão na participação das atividades foi bem difícil por conta do pouco tempo em sala de aula, mesmo sendo professor de filosofia dos IASES de Cariacica há cerca de três anos, ao iniciar esta pesquisa.

Como já descrito anteriormente, ao retornar às atividades presenciais, as turmas encontravam-se reduzidas no ensino médio, por conta das condições e históricos sociais dos socioeducandos, somadas a uma turma esvaziada após o retorno presencial; houve, lamentavelmente, uma pequena coleta de dados entre os estudantes. Desta feita, a pesquisa fora também prejudicada pelo processo do distanciamento social, pois este atrapalhou o desenvolvimento de uma integração mais efetiva com as turmas, e o engajamento dos estudantes com a proposta da pesquisa. Também é fundamental salientar que as questões procedimentais de segurança durante esta pesquisa e a proteção estatal ao menor foram totalmente respeitadas, por conta disso, nenhuma imagem fora realizada durante esta pesquisa.

A realidade da escolarização socioeducativa que fora encontrada nos centros do IASES possui problemas estruturais salientes, mas nada que não seja igualmente comum também à realidade das escolas públicas regulares em bairros periféricos. Desta feita, o desafio encontra-se na efetivação de políticas públicas inclusivas e efetivas para os socioeducandos durante sua internação e após sua saída. É evidente que os profissionais envolvidos nesses centros possuem uma formação inadequada quando tratamos da Educação das Relações Étnicas-Raciais, mas em vários momentos essa inadequação é superada pela sincera e dedicada disposição desses profissionais envolvidos na escolarização socioeducativa, que buscam formações por conta própria na esperança de compreenderem melhor os fenômenos socioeducacionais. É necessário mais investimento no treinamento e educação antirracistas de todos os profissionais para que haja a superação de questões racistas ainda presentes na estruturação dos planos de aula ou em valores morais transmitidos por todos os agentes socioeducativos.

Na busca de uma educação e socioeducação antirracista, este pesquisador reconhece seus limites e lacunas teóricas, assim como as dificuldades de desenvolvimento enfrentados durante o curso, pesquisa e elaboração dos resultados. Acreditando que a Filosofia possui papel fundamental na escolarização de todos os jovens brasileiros, não posso deixar de persistir em desenvolver um ensino de Filosofia antirracista para todos os alunos que terei em minha trajetória. Se a filosofia ocidental possui em sua gênese o caráter de superação do entendimento mítico da realidade em detrimento à racionalização desta, o pluversalismo filosófico afrorreferenciado, inserido nos centros socioeducativos brasileiros, possui o caráter de superação dos mitos raciais universalizantes dos conceitos científicos e filosóficos racistas de nossa época, que possuem sua gênese na extrema racionalidade da filosofia moderna ocidental. É dever de todos os professores e professoras reconhecer a existência das filosofias para além do ocidente, assim como é dever da filosofia brasileira reconhecer a sua dívida com a sua história.

REFERÊNCIAS

ADICHIE, Chimamanda Ngozi. **O Perigo de uma história única.** Tradução de Julia Romeu. 1. ed. São Paulo: Companhia das Letras, 2019.

ALEXANDER, Michelle. **A nova segregação**: racismo e encarceramento em massa. Tradução de Pedro Davoglio; revisão técnica e notas de Silvio Luiz de Almeida. 1 ed. São Paulo: Boitempo, 2017.

ALMEIDA, Silvio Luiz de. **Racismo estrutural.** São Paulo: Sueli Carneiro; Pólen, 2019.

APPIAH, Kwame. **Na casa de meu pai.** A África na Filosofia da Cultura. Rio de Janeiro: Contraponto, 1997.

ARAÚJO, Débora Cristina de. A educação das Relações Étnico-Raciais: histórico, interfaces e desafios. **Intermeio**: revista de Programa de Pós-Graduação em Educação, Campo Grande, v. 41, p. 127-145, 1 jun. 2015. Semestral. Disponível em: https://periodicos.ufms.br/index.php/intm/article/view/2335. Acesso em: 10 mar. 2021.

BÂ, Amadou Hampâté. Tradição viva. *In*: KI-ZERBO, Joseph (org.). **História geral da África.** I: Metodologia e pré-história da África. Tradução e revisão coordenada por Valter Silvério. 2º red. rev. Brasília: Unesco; MEC, 2010. p. 167-212.

BISINOTO, Cynthia *et al.* Socioeducação: origem, significado e implicações para o atendimento socioeducativo. **Psicologia em Estudo**, v. 20, n. 4, 20 out.-dez. 2015. Disponível em: http://www.redalyc.org/articulo.oa?id=287145780007 ISSN 1413-7372. Acesso em: 10 jun. 2019.

BORGES, Juliana. **Encarceramento em massa.** São Paulo: Sueli Carneiro; Pólen, 2019.

BRASIL. **Lei n.º 8.069, de 13 de julho de 1990.** Dispõe sobre o Estatuto da Criança e do Adolescente e dá outras providências. Brasília: Presidência da República, 13 jul. 1990. Seção 1. Disponível em: http://www.planalto.gov.br/ccivil_03/leis/l8069.htm. Acesso em: 10 jun. 2019.

BRASIL. **Lei n.º 10.639, de 9 de janeiro de 2003**. Altera a Lei no 9.394, de 20 de dezembro de 1996, que estabelece as diretrizes e bases da educação nacional, para incluir no currículo oficial da Rede de Ensino a obrigatoriedade da temática "História e Cultura Afro-Brasileira", e dá outras providências. Brasília: Presidência da República, 9 jan. 2003. Seção 1. Disponível em: http://www.planalto.gov.br/ccivil_03/leis/2003/l10.639.htm. Acesso em: 22 set. 2018.

BRASIL. **Lei n.º 11645, de 10 de março de 2008**. Altera a Lei n.º 9.394, de 20 de dezembro de 1996, modificada pela Lei n.º 10.639, de 9 de janeiro de 2003, que estabelece as diretrizes e bases da educação nacional, para incluir no currículo oficial da rede de ensino a obrigatoriedade da temática "História e Cultura Afro-Brasileira e Indígena". Brasília: Presidência da República, 11 mar. 2008. Seção 1. Disponível em: http://www2.camara.leg.br/legin/fed/lei/2008/lei-11645-10-marco-2008-572787-publicacaooriginal-96087-pl.html. Acesso em: 22 set. 2018.

BRASIL. Ministério Público do Estado do Ceará. **Plano Nacional de Atendimento Socioeducativo**: diretrizes e eixos operativos para o SINASE. Brasília, 2013. Disponível em: http://www.mpce.mp.br/wp-content/uploads/2018/01/20180014Plano_Nacional_Atendimento_SocioeducativoDiretrizes_e_eixos_operativos_para_o_SINASE.pdf. Acesso em: 10 jun. 2019.

BRASIL. Ministério da Educação; Secretaria de Educação Básica. **Orientações Curriculares para o Ensino Médio**, Volume 3 – Ciências humanas e suas tecnologias. Brasília: MEC/SEB, 2006. Disponível em: http://portal.mec.gov.br/seb/arquivos/pdf/book_volume_03_internet.pdf. Acesso em: 20 jun. 2020.

BUCK-MORSS, Susan. **Hegel e o Haiti**. Tradução de Sebastião Nascimento. São Paulo: n-1 edições, 2017.

DANTAS, Luís Thiago Freire. **Descolonização Curricular**: a Filosofia Africana no ensino médio. São Paulo: Editora PerSe, 2015.

DUSSEL, Enrique. **Filosofia da libertação**: Crítica à ideologia da exclusão. Tradução de Georges I. Massiati. São Paulo: Paulus, 1995.

ESPÍRITO SANTO. Secretaria de Estado da Justiça. **Projeto Político Pedagógico Institucional do IASES**. Disponível em: https://iases.es.gov.br/Media/iases/Arquivos/PPPI_VERSAO_FINAL_1.pdf. Acesso em: 10 maio 2019.

ESPÍRITO SANTO. Conselho Estadual dos Direitos da Criança e do Adolescente. **Plano Estadual de Atendimento Socioeducativo do Estado do Espírito Santo 2015-2024**. Vitória, 2014. Disponível em: https://iases.es.gov.br/Media/iases/Arquivos/Plano%20Estadual%20de%20Atendimento%20Socioeducativo%20do%20Estado%20do%20Esp%C3%ADrito%20Santo.pdf. Acesso em: 10 maio 2019.

ESPÍRITO SANTO. Instituto de Atendimento Socioeducativo do Espírito Santo. **Observatório Digital da Socioeducação**. Disponível em: https://iases.es.gov.br/observatorio-digital-da-socioeducacao. Acesso em: 1 nov. 2020.

FANON, Frantz. **Pele negra, máscaras brancas**. Tradução de Renato da Silveira. Salvador: EDUFBA, 2008.

FANON, Frantz. Racismo e Cultura. *In*: MANOEL, Jones; FAZZIO, Gabriel Landi (org.). **Revolução Africana**: uma antologia do pensamento marxista. São Paulo: Autonomia Literária, 2019. p. 65-79.

FLOR DO NASCIMENTO, Wanderson. Outras vozes no ensino de filosofia: o Pensamento africano e afro-brasileiro. **Revista Sul-Americana de Filosofia e Educação**, n. 18, p. 74-89, maio-out. 2012.

FLOR DO NASCIMENTO, Wanderson. Aproximações brasileiras às Filosofias Africanas: Caminhos desde uma Ontologia Ubuntu. **Revista PROMETEUS**, ano 9, n. 21, p. 231-245, Edição Especial: dez. 2016.

FORDE, Gustavo Henrique Araújo. **Vozes negras na história da educação**: racismo, educação e movimento negro no Espírito Santo (1978-2002). Campos dos Goytacazes: Brasil Multicultural, 2018.

FOUCAULT, Michel. **Microfísica do poder**. Organização e tradução de Roberto Machado. 3. ed. Rio de Janeiro: Edições Graal, 1982.

FOUCAULT, Michel. **Vigiar e Punir:** o nascimento da prisão. Tradução de Raquel Ramalhete. Petrópolis: Vozes, 1987.

GOMES, Nilma Lino. Intelectuais Negros e produção do conhecimento: Algumas reflexões sobre a realidade brasileira. *In*: SANTOS, Boaventura de Sousa; MENESES, Maria Paula (org.). **Epistemologias do Sul**. São Paulo: Cortez, 2010. p. 419-441.

GOMES, Nilma Lino. **O Movimento Negro Libertador**: Saberes construídos nas lutas por emancipação. Petrópolis: Vozes, 2017.

HOOKS, bell. **Ensinando a transgredir:** a educação como prática da liberdade. Tradução de Marcelo Brandão Cipolla. 2. ed. São Paulo: Editora WWF Martins Fontes, 2017.

HOUNTONDJI, Paulin J. Conhecimento de África, conhecimento de africanos: Duas perspectivas sobre os estudos africanos. *In*: SANTOS, Boaventura de Sousa; MENESES, Maria Paula (org.). **Epistemologias do Sul**. São Paulo: Cortez, 2010. p. 119-131.

LÓPEZ, Maximiliano Valerio. **Acontecimento e experiência no trabalho filosófico com crianças**. Belo Horizonte: Autêntica Editora, 2008.

MACHADO, Adilbênia Freire. Odus: filosofia africana para uma metodologia afrorreferenciada. **Voluntas:** Revista Internacional de Filosofia, [S. l.], v. 10, p. 3, 9 out. 2019a. Universidad Federal de Santa Maria. Disponível em: http://dx.doi.org/10.5902/2179378639952. Acesso em: 20 nov. 2020.

MACHADO, Adilbênia Freire. Filosofia Africana: ética de cuidado e de pertencimento ou uma poética de encantamento. **Problemata**: International Journal of Philosophy, [S. l.], v. 10, n. 2, p. 56-75, nov. 2019b. Disponível em: http://dx.doi.org/10.7443/problemata.v10i2.49118. Acesso em: 20 nov. 2020.

MALDONADO-TORRES, Nelson. A topologia do Ser e a Geopolítica do conhecimento. Modernidade, Império e Colonialidade. *In*: SANTOS,

Boaventura de Sousa; MENESES, Maria Paula (org.). **Epistemologias do Sul**. São Paulo: Cortez, 2010. p. 337-381.

MALOMALO, Bas'ileli. Filosofia Africana do NTU e a Defesa de Direitos Biocósmicos. **Problemata**: International Journal of Philosophy, [S. l.], v. 10, n. 2, p. 76-92, nov. 2019. Disponível em: http://dx.doi.org/10.7443/problemata.v10i2.49144. Acesso em: 15 jun. 2020.

MBEMBE, Achille. **Crítica da razão negra**. Tradução de Sebastião Nascimento. São Paulo: N-1 edições, 2018a.

MBEMBE, Achille. **Necropolítica**: biopoder, soberania, estado de exceção, política da morte. Tradução de Renata Santini. São Paulo: N-1 edições, 2018b.

MOURA, Clóvis. **Sociologia do negro brasileiro**. 2 ed. São Paulo: Perspectiva, 2019.

NASCIMENTO, Abdias. **O genocídio do negro brasileiro**: processo de um racismo mascarado. 3. ed. São Paulo: Perspectiva, 2016.

NASCIMENTO, Abdias. **O quilombismo**: documentos de uma militância pan-africanista. 3. ed. São Paulo: Perspectiva; Rio de Janeiro: Ipeafro, 2019.

NASCIMENTO, Alexandre do. Ubuntu como Fundamento. **UJIMA** - Revista de Estudos Culturais e Afrobrasileiros, n. XX, ano XX, 2014. Disponível em: https://filosofia-africana.weebly.com/uploads/1/3/2/1/13213792/alexandre_do_nascimento_-_ubuntu_como_fundamento.pdf. Acesso em: 20 mar. 2021.

NOGUERA, Renato. Afrocentricidade e educação: Os princípios gerais para um currículo afrocentrado. **Revista África e Africanidades**, ano 3, n. 11, nov. 2010.

NOGUERA, Renato. Denegrindo a educação: um ensaio filosófico para uma pedagogia da pluriversalidade. **Revista Sul-Americana de Filosofia e Educação**, n. 18, p. 62-73, maio-out. 2012a.

NOGUERA, Renato. Ubuntu como modo de existir: Elementos gerais para uma ética afroperspectivista. **Revista da APBN**, v. 3, n. 6, p. 147-150, nov. 2011-fev. 2012b.

NOGUERA, Renato. **O ensino de filosofia e a lei 10.639**. 1. ed. Rio de Janeiro: Pallas, 2014.

PONTES, Katiúscia Ribeiro. **Kemet, Escolas e Arcádeas**. 2017. 93 f. Dissertação (Mestrado em Filosofia e Ensino) – Centro Federal de Educação Tecnológica Celso Sckow, Rio de Janeiro, 2017. Disponível em: https://filosofia-africana.weebly.com/uploads/1/3/2/1/13213792/kati%C3%BAscia_ribeiro_-_dissertac%CC%A7a%CC%83o_final.pdf. Acesso em: 7 nov. 2023.

RAMOSE, Mogobe. **African philosophy through ubuntu**. Harare: Mond Books Publishers, 1999.

RAMOSE, Mogobe. The ethics of Ubuntu. *In*: COETZEE, Peter H.; ROUX, Abraham P. J. (ed.). **The African Philosophy Reader**. Tradução de Éder Carvalho Wen. New York: Routledge, 2002. p. 324-330. Disponível em: https://filosofia-africana.weebly.com/textos-africanos.html. Acesso em: 15 jun. 2019.

RAMOSE, Mogobe. Globalização e Ubuntu. *In*: SANTOS, Boaventura de Sousa; MENESES, Maria Paula (org.). **Epistemologias do Sul**. São Paulo: Cortez, 2010. p. 175-220.

RAMOSE, Mogobe. **Sobre a legitimidade e o estudo da Filosofia Africana**. Tradução de Dirce Eleonora Nigro Solis, Rafael Medina Lopes e Roberta Ribeiro Cassiano; revisão de Dirce Eleonora Nigro. Ensaios filosóficos, v. 4, out., 2011. Disponível em: https://filosofia-africana.weebly.com/uploads/1/3/2/1/13213792/mogobe_b._ramose_-_sobre_a_legitimidade_e_o_estudo_da_filosofia_africana.pdf. Acesso em: 15 jun. 2019.

REALE, Giovanni. **História da filosofia**: Antiguidade e Idade Média. São Paulo. Paulus, 2014.

ROCHA, Aline Matos da. **A exclusão intelectual do pensamento negro**. 2012/2013. Disponível em: https://filosofia-africana.weebly.com/uploads/1/3/2/1/13213792/aline_matos_da_rocha_-_a_exclus%C3%A3o_intelectual_do_pensamento_negro.pdf. Acesso em: 15 jun. 2019.

ROMANELLI, Otaíza de Oliveira. **História da educação no Brasil (1930/1973)**. 15. ed. Petrópolis: Vozes, 1978.

ROSA, Edinete Maria; RIBEIRO JÚNIOR, Humberto; RANGEL, Patrícia Calmon. **O adolescente:** a lei e o ato infracional. Vitória: EDUFES, 2007.

SANTOS, Boaventura de Sousa. Para além do Pensamento Abissal: das linhas globais e uma ecologia de saberes. *In*: SANTOS, Boaventura de Sousa; MENESES, Maria Paula (org.). **Epistemologias do Sul**. São Paulo: Cortez, 2010. p. 23-71.

SANTOS, Joel Rufino dos. **A questão do negro em sala de aula**. 2. ed. São Paulo: Global, 2016.

SARAIVA, Luís Augusto Ferreira. O que e quem não é Ubuntu: crítica ao "eu" dentro da filosofia Ubuntu. **Problemata**: International Journal of Philosophy, [S. l.], v. 10, n. 2, p. 93-110, nov. 2019. Disponível em: http://dx.doi.org/10.7443/problemata.v10i2.49161. Acesso em: 15 jun. 2020.

SODRÉ, Muniz. **Reinventando a educação**: diversidade, descolonização e redes. Petrópolis: Vozes, 2012.

UFES – UNIVERSIDADE FEDERAL DO ESPÍRITO SANTO. **Normatização e apresentação de trabalhos científicos e acadêmicos**. 2. ed. Vitória: EDUFES, 2015.

ZANELLA, Maria Nilvane. **Bases teóricas da socioeducação**: análise das práticas de intervenção e metodologias de atendimento do adolescente em situação de conflito com a lei. 2011. 209 p. Dissertação (Mestrado em Educação) – Curso de Pós-Graduação Stricto Sensu, Mestrado Profissional em Adolescente em conflito com a lei, Docência do Ensino Superior, Universidade Bandeirante de São Paulo, São Paulo, 2011. Disponível em: https://repositorio.pgsskroton.com.br/bitstream/123456789/3306/1/MARIA%20NILVANE%20ZANELLA.pdf. Acesso em: 10 jun. 2019.

ZEA, Leopoldo. **Discurso desde a marginalização e barbárie**; seguido de A filosofia latino-americana como filosofia pura e simplesmente. Tradução de Discurso, Luis Gonzalo Acosta Espejo e Maurício Delamaro e de A filosofia, Francisco Alcidez Candia Quintana e Maurício Delamaro. Rio de Janeiro: Garamond, 2005.